她曾是十指不沾阳春水的小仙女，
他曾是勇闯天涯的江湖少年，
谁生来就懂得去照顾一个闯入他们生活的小生命？
他们曾手忙脚乱，
也曾崩溃无助。
谁的岁月静好？
谁在负重前行？
一代人的芳华逝去，
换取另一代人盛装出场的未来。

【他山之石系列】

奔跑吧，孩子

朱桂根 著

电子工业出版社

Publishing House of Electronics Industry

北京·BEIJING

图书在版编目（CIP）数据

奔跑吧，孩子 / 朱桂根著.—北京：电子工业出版社，2019.5

（他山之石系列）

ISBN 978-7-121-36289-7

Ⅰ．①奔… Ⅱ．①朱… Ⅲ．①家庭教育－通俗读物 Ⅳ．①G78-49

中国版本图书馆CIP数据核字（2019）第066839号

策划编辑：潘　炜
责任编辑：潘　炜
文字编辑：杜　皎
营销编辑：胡　晔　梁　涛
印　　刷：北京富诚彩色印刷有限公司
装　　订：北京富诚彩色印刷有限公司
出版发行：电子工业出版社
　　　　　北京市海淀区万寿路173信箱　邮编：100036
开　　本：787×1092　1/16　印张：20.75　字数：450千字
版　　次：2019年5月第1版
印　　次：2019年5月第1次印刷
定　　价：108.00元

　　这是一本关于亲情和家庭教育的书，诞生于一位资深著名新闻媒体人、苏州作家协会会员之手。上帝给了他一份最珍贵的礼物，他则回报社会这么一份诚挚温情、寓教于阅读的好礼。李嘉诚说："栽种思想，成就行为；栽种行为，成就习惯；栽种习惯，成就性格；栽种性格，成就命运。"作者用一百个故事，回忆了女儿从出生到成人的历程，以及在这十八年的风雨中，如何一步步地引导女儿栽种自己的思想、行为、习惯、性格，乃至掌握自己的命运，最终为孩子的梦想插上翅膀，使她成为一名考入世界名校的天才少女。

　　作者没有炫耀自己的教育方式多么成功，而是把自己的成功与失败、得到与失去、付出与回报、焦虑与幸福……全部通过故事进行了真诚分享。最为难能可贵的是，作者在培养女儿情商、打造女儿思维迭代方面别具智慧，非常精于设计一些细节和计划来达到目标，并且创造性地提出了自我迭代升维的四种"基本力"，即自察力、自勉力、自悟力和自治力，这些能给读者深刻启迪，为人父母者不可不看。

奔跑吧，孩子、奋斗吧，少年。

同程旅团创始人 吴志祥

在这本书中，我看到了一个坚毅伟大的父亲，左手提起的是事业，右手扶起的是希望，肩上扛起的是风雨，他、机、朴素，都也是伟大的……

新东方教育科技集团2011年优秀集展管理者 刘铮

愿每个孩子都能被温柔以待

功夫爸刘刚

很多人会想，等自己变好了再去好好生活。可这位父亲用实际行动告诉您，和自己的孩子一同成长就是最好的生活。

清华大学博士 子宁

任何孩子都是一个独立主体，父母教育孩子要在孩子心智没有成熟的时候用心"辅佐"，而不要把孩子培养成自己的复制品。作为父母对孩子可以远观不可近扰，一定要给孩子足够的独立空间，对孩子可以因材施教，不可强求，要相信"天生我材必有用"！

某百货董事长 刘玉广

在根老师是我的朋友，这本书值得推荐，不仅富有教育意义，而且完全符合他的写作风格。勇往直前，精细而迅捷！

只要还有明天，
今天就永远是起跑线。

国际书画家协会执行主席　王殿华

用感恩沉定你一生的美好
全国优秀科研校长
谢剑雄

看完此书内心情绪起伏：《陪伴》为之感动，《犯错》为之揪心，《美德》为之颔首，《顽强》为之，《坚持》欢赞叹，《升维》为之拍案。

感谢桂根为我们呈现了一个守护的视角，一位单亲父亲伟大的亲子历程！

司春磊
江苏理工律师事务所 执业律师

古，有焦桐人有一棋约过百年
今，见此书如历尽十八载春秋。
有武亭亭玉立。
有文大爱如山。
一阅兩遍。
恍如隔世。

常嘉坤

《奔跑吧，孩子》寓教于阅，
颇值得家长一看。

范小青

明明比你更努力，偏偏还比你更顾家！
难为桂根兄了！我一向觉得你是一个工作
狂，很难有这么多时间、精力和激情用来带
娃，更想不到你还带得这么有智慧！

高磊

我认为这本书是值得很多家长反思的。
孩子不是可以放养的，更不能包办一切地巨
婴式带娃，而是要用"心"去带，有目标、
有方法地带。带娃是培养孩子，也是训练孩
子，你终究是想让他们飞得更高，那么就该
放开他们的翅膀、磨砺他们的爪喙。

黄胜华

国际特级记忆大师

作者每每在一件事情未做之前就已洞察结果，这就是"胸有成竹"，但这并非偶然，而是作者精心策划、未雨绸缪的必然。通过本书，你能发现隐藏在"必然"之后的规律和秘诀。所以，强烈推荐！

沈凯达

苏州景范中学校长

作者文笔很好，很多故事写得妙趣横生。十九封信写得感人肺腑、爱意浓厚，有好几次看着看着差点就哭了。"陪伴"系写得很温暖。

爱也生书店合伙人 柯宅院
李坤

我们一出生就有一双手，一只留着自己用，另一只用来帮助别人。虽然我们每个人都是为自己做事，但任何人都离不开别人的帮助。要记住，帮助别人就是让自己快乐！《奔跑吧，孩子》让我明白了一位伟大父亲的智慧之处。

中国好人
麦丽云

愿勇猛精进，努力多一天；志愿无倦，幸福每一天。

周扬滔

"366教育"创始人

序一

用心做父亲

在我的印象中，朱桂根是一位摄影记者。

认识他的时候，他在《人民日报》旗下《江南时报》社新闻部做摄影记者，经常看到他拿着"长枪短炮"的身影，活跃在苏州的各种活动中。

当时经常与他搭档的是文字记者李竹人。李竹人先生是军旅作家出身，对教育情有独钟，也非常关注新教育实验。

就这样，在世纪之初，桂根和李竹人一起，用文字和图像留住了新教育的许多珍贵记录。

后来，我到北京工作，联系渐渐少了起来。但是，我一直记得他们对我个人和新教育事业的支持。

前几年，桂根突然跑到北京看望我。他告诉我，自己在《新民晚报》社区版江南都市刊担任总策划、执行总监，希望我能够在他的刊物上开一个专栏。

朋友的事情，总是要帮忙的。我满口答应，一开就是三年，现在仍然在持续。

前不久，桂根突然又告诉我，他写了一本书，请我写序言。

我问他是什么书，他告诉我是一本关于家庭教育的书。

说句老实话，拿到书稿，看到《奔跑吧，孩子》这个书名时，我有点小惊喜。

我细读书稿，感慨良多。

我没想到作为摄影记者的桂根，竟然能够写出如此生动美好的文字；更没有想到，他把新教育的许多理念悄悄地运用在教育女儿的实践中，而且颇有成效。看来，他是一位用心的记者，在拍摄照片的同时，偷师学艺了许多新教育的方法。

新教育主张师生共写随笔、家校合作共育，主张记录自己的教育生活。这本书就是桂根记录自己与女儿朱佳晴一起成长的故事。从女儿出生的第一天起，桂根就及时记录自己作为父亲的所思所行，记录女儿成长的点点滴滴。记录这些教育的瞬间，就像他用镜头记录许多美好的时光一样，无论女儿出生不久生死营救的"分秒必争"，还是她入园的趣味"陪读"，无论"抓周"时诸葛小亮现身，还是与女儿一起妙破橡皮"失窃案"，每个故事都是那么引人入胜。

新教育主张与孩子共同创造生活的仪式感，尤其是在孩子成长的关键节点，如生日、成人礼等，给孩子送生日诗、写生日信等。桂根也把这个绝招用在了自己孩子身上。全书最后用十九封信组成的"成长的年轮"，最让我感动。从出生时写下的"此生万幸，与你相遇"，到一岁时写的"不负如来不负卿"，从三岁时写的"你装饰了我的梦"到十岁时写的"给我一首歌的时间说我爱你"，从十三岁时写的"你是人间四月天"到十七岁时留下的"愿你每天洒满阳光"，每封信都是那么用心写就，流淌着父爱的深情。

桂根的这本书由一百个故事组成，这是他与女儿、与家人共同编织的故事。故事的精彩背后是他活得精彩。

明年，桂根的女儿就要去英国读书了。我相信桂根不会停下手中的笔，仍然会用心与女儿交流，给女儿写信，用心记录自己家庭教育的故事。相信这本书出版后，会有更多人和我一样有理由期待他和女儿的新故事。这些故事告诉我们，只要用心做父母，一定能够收获幸福和精彩。

2018年秋，写于北京滴石斋

序二

最初的100个脚印

人生的第一个扣子就必须扣好，这样才能让今后的每个扣子都有一个好的开端，有积极向上的起点。由此，要走好人生的每一步，最初的脚印十分重要，它指引着人生的方向，预示着前行的道路。从这个意义上说，《奔跑吧，孩子》这本书，真切地记录了一个生命来到这个世界上，逐步走向英国留学的历程。这是值得纪念的一段人生，是奋发向上的最初的100个脚印。

本书由100个故事组成，用100个片段记录了一个小生命从诞生到成长为有用之才的过程，外加19封以岁月为轴的"成长的年轮"随感书信，经纬交织，构成了一幅中国式富有启迪的育儿全记录宏图。作者朱桂根是个新闻工作者，有着职业的观察与敏锐；他又是一位好父亲，有着细腻的亲情与感悟。他从女儿呱呱坠地开始，用父亲与记者的双重眼光与感受，真实地逐字逐篇记录了女儿值得记忆的成长细节和自己的教育感悟，让人真切地感受到学霸是如何炼成的。

在这本书中，既有女儿成长的每个重要时刻，也有生活的多个不同侧面。特别是书中最后部分父女的两封家书，把18年的人生与思索融于一体，升华了成长的意境。这些细节记录了人生的脚印，构成了前行的道路。

可贵的是，这一个个脚印同时伴随着一位新闻工作者一段段对于成长的思考，特别是对孩子教育的真切感悟，这使本书不仅是一个日记式的人生记录，也引发了人们对成长、对教育、对人生的深入思索，有着超越个人意义的普遍价值。

作者在书中写道："妈妈当年是十指不沾阳春水的小仙女，爸爸当年是勇闯天涯的江湖少年，他们哪里会懂得去照顾一个闯入他们生活的小生命。"

　　"他们曾手忙脚乱，也曾崩溃无助，一代人的芳华逝去，换取了另一代人的璀璨人生，毕竟这一路上谁都有过夏夜躲在屋顶看星星的年少时刻。"

　　"所以，爸爸想把你的成长，一笔一画记录下来，同时，这也是爸爸的成长。"

　　这是一个孩子的成长历程，这是改革开放大潮中一代人的成长历程，这也是一个时代奋发向上的历程。

2019年2月12日于上海

目录

一、陪伴系

等待着将要盛装出场的未来

二、犯错系

一之为甚，绝不可再

三、美德系

心怀天下，无人而芳

四、死磕系

死磕是精神，也是态度

五、妙计系

带你走过最长的路，是我爱你的套路

六、升维系

脑宇宙的四种基本力

七、家书系

成长的年轮

父爱年轮

那些年，那些生日，父亲的家书乘爱而来，从不缺席

一、陪伴系

等待着将要盛装出场的未来

凡所过往，皆为序章。心有光芒，必有远芳。

此去经年，当慨而慷。春耕秋获，初心不忘。

且趁年华，且惜时光。砥砺前行，目明心亮。

一朝展翅，天高任翔。亭亭傲立，正道沧桑。

错过你的第一天，绝不再错过你的每一天

2000年11月25日，这是一个让我永生难忘的日子。

夫人彩林已经在医院待产快一个星期了，却迟迟不见孩子有动静。

"你去上班吧，看来孩子一时半会儿还不想出来。"

虽然我还是有些不放心，可耐不住彩林的催促，最终还是踏上去吴江的路，那儿有个重要的专题采访在等着我。

到傍晚5点多时，我仍坚守在岗位上。专题采访的时间比较长，工作还要继续。

这时，我突然接到了一个陌生的电话。

"朱桂根先生吗？您夫人马上要生了，她现在非常痛苦，甚至连产床都被抠出了一个洞。希望您赶紧来一下！"

我的心咯噔一下，握着手机的手不住地发抖。

"宝宝啊，我苦等了你一个星期都不出来，怎么爸爸刚一上班你就急不可耐地跑出来了呢？"

我心里暗暗叫苦，采访还没结束，机器还在运转，我怎么能关机赶回去呢？我的内心纠结万分，仿佛过了一个世纪一般。

我挣扎了许久，虽然内心有一万个愧疚，还是一咬牙，坚持继续拍摄。

"夫人啊，你一定要坚持住啊！"

等我完成工作，火急火燎地赶到医院时，已经是晚上8点多了。

"我夫人彩林怎么样了！"我气喘吁吁地问医生。

他抬眼瞥了我一下，又低下头，道："生完了！"

此时，我的妻子正虚弱地躺在病床上输液。她闭着眼睛，煞白汗湿的脸上充满了疲惫。我轻轻地握住她的手，心中像打翻了五味瓶一般。我既内疚又感动，实在难以言表。

后来，我才了解到，由于胎儿是臀位，顺产十分困难，最后不得不进行剖腹产。

夫人啊，你生孩子的时候我没有陪你，我以后一定会好好补偿你的！我在心中暗暗发誓。

我的孩子是个可爱的小女孩。在这个星期六的6点16分降生，刚好六斤六两。这么有趣的数字，让我在看到小娃娃粉嫩的脸时乐开了花。

嘿，这是我的女儿耶！

虽然她的皮肤还皱皱巴巴，像个小外星人，但这就是我的女儿！她是最漂亮的！

"宝宝，爸爸没能守着你出生，也没能第一时间抱你，爸爸对不起你！我以后一定会做一个好爸爸，宠着你，爱护你，不让你受到一点伤害，让你快快乐乐地成长！"

初为人父的我被潮涌般的幸福包围着。

晴儿加油：我努力救你，你努力好起来

出生后的第一个夜晚，女儿几乎没有停止过哭泣，我带着初为人父的喜悦手忙脚乱地照顾了她整整一夜。到第二天早上，我实在撑不住，才眯了一会儿。

可刚睡着一会儿，我就被医生推醒。看着医生严肃的表情，我就知道大事不妙。

"刚刚检查报告出来了，孩子很危险，是吸入性肺炎，必须马上抢救！现在你先把费用交一下！"

什么，孩子出现了异常症状？

我的脑袋"轰"的一下，顿时慌了神。此时此刻，我什么都管不了了，连忙说道："好好好，我立马去凑钱！不管要多少钱，医生，你一定要救我女儿！"

医生说有一种特效药，效果好，可单价要一千五百元一支！由于这药十分珍贵，这所医院暂时缺货，还得紧急去别的地方借调。

夫人彩林住院时我已交了两千元钱，其余费用原本打算出院时再结算，所以身上没有带太多现金。问我妈和丈母娘，她们也没带多少钱。

这下子我可慌了神，这可怎么办，时间不等人啊！

这时，我一咬牙一跺脚，转身便赶往公司，这可能是我最后的救命稻草了！

"桂根，你干吗要借钱？"

老板煞是奇怪地看着我鸟窝一样的头发。我出口就要借一千五百元，那在当时是一笔不小的数目，一般也没人会在身上带这么多现金。

"我……我……我要救人啊！我……女儿她……"

我喘着气，急得语无伦次。

老板一下就明白了我的意思，知道情况万分紧急，立即拿出皮夹子，可掏空了也就七百元。

"走，我帮你去借钱！"老板把钱往我手里一塞，拉着我出了办公室。

就这样，找了好几个同事，终于凑齐了一千五百元。我连谢都没好好谢一下，就用最快的速度将救命钱送到了医院。

鬼门关的第一关算是闯过了，接下来就全看医生的了。

这时，愁云笼罩着我们全家。我难以掩饰自己的焦急与脆弱，仍旧故作镇定，为的只是给老母亲和妻子吃定心丸，让她们相信宝宝一定会安然无恙。在等待抢救的过程中，我不停地向老天爷祷告，千万要让孩子好起来！

也许是至诚之心感动了上苍，女儿真的被从死亡线上拉了回来！

看到她逐渐平稳的呼吸，听到她响亮的哭声，我再也支撑不住自己了，一时间瘫软在地，泪流满面。

"宝宝，你好坚强，我为你骄傲……"

我默默地表扬她。

"爸爸，你也好坚强，好勇敢！谢谢你争分夺秒来救我！"

冥冥之中，我的耳畔仿佛传来了她稚嫩的声音。

我相信血浓于水，我相信父女连心，我相信小小的她能在无形中感受到我对她的信任和爱。爱能创造奇迹，不是吗？

"奇葩"浴室温暖了整个世界

晴儿有一个非常"奇葩"的浴室。当然，这肯定是出自我的手笔了。

事情要从晴儿出生后我第一次给她洗澡说起。

在经历出生时的惊心动魄后，晴儿终于出院回家了。那时候，她可是香喷喷的一个小奶娃。因为医院里的护士阿姨给她洗过澡了，加上每天要喝母乳，她自然散发着一股天然的乳香。

我每天下班回家第一件事，就是亲亲我的乖宝贝，闻闻她身上醉人的奶香味。可是，没过几天，我就觉得香香娃怎么变成了臭臭娃，不禁有些疑惑。

"咱们出院还没给她洗过澡，当然要臭烘烘了！"

彩林白了我一眼，一句话点破了其中的玄机。

"哦，也是！"

我挠了挠头，心想，不就是洗个澡吗，哪能难倒我诸葛小亮！

我把空调打开、浴盆准备好，感觉温度差不多了，就开始给宝宝洗澡。

谁知看似简单的洗澡任务在我手中却出现了大问题。

我忘记晴儿不过是个刚出生不久的婴儿，她的体温调节能力还很差。我觉得水已经够暖和了，对于宝宝来说，其实还是非常冷的。而且，家里除了空调，没有任何取暖设施，这么大一个房间，空调暖风的作用实在不是很大。不得不提一点，南方的冬天不像北方有暖气提供。

没过一会儿，孩子已经冻得嘴唇发紫，浑身哆嗦，吓得我不知所措。

"赶紧擦干了，裹起来！"

我妈一看情形不妙，立即命令我采取紧急措施。

孩子这才大病初愈，别又被我洗个澡冻出病来。面对彩林的抱怨，我一边连连认错，一边开动脑筋想办法，让孩子既能洗好澡，又不至于冻着。

我想起小时候洗澡的时候，有一个塑料薄膜罩子把人和浴盆都围起来，那样聚热效果比较好。可现在家里没有现成的，这可怎么办呢？

我灵机一动，把床上的被子拢成一个大三角体，然后开一条缝，在里面塞进去一盏台灯和一个浴盆。这样热水一放，热气就在这个小空间里，无法四处散开。

事实证明，我发明的奇葩小浴室相当好使，宝宝就在这样的浴室里平平安安地洗了一个冬天的澡。

每当想起这个奇葩浴室，我就不禁感叹，人的潜力是无穷的，在困难环境之下，什么办法都想得出来。初为人父母，如何保证孩子平平安安、健健康康地成长是一个充满挑战的难题。在这个过程中，我们随时需要化身成"一休哥"，开动脑筋啊！

加醋的指头，味道好极了

从在襁褓里哇哇大哭，到开始摇摇摆摆走路，"口水娃"是必经阶段。这个时期，孩子的乳牙慢慢地往上萌发，逐渐添加辅食，也刺激了唾液的分泌，所以得给孩子准备很多围兜替换。

晴儿的"口水娃"阶段还没结束，我发现她又变成了"手指娃"，有事没事就把右手大拇指放在嘴巴里啃。根据我妈的说法，娃娃"吃手指"是必经的过程，过段时间就好了。可等呀等，我发现女儿这个坏习惯丝毫没有改变的趋势，反而有些变本加厉，拇指竟然被她咬得有点变形了。

"不行，绝对不能再这样下去！要改掉这个坏习惯！"我大手一挥，决定好好解决这个问题。

　　夫人也认识到了问题的严重性，于是首先上阵。为根除晴儿这个毛病，她使出了一贯使用的招数，打！夫人只要发现女儿咬一次手指，就打一次她的手指。夫人打在晴儿手上，痛在我的心里。不过要是真能治好这个毛病，我也就咬咬牙忍了。

　　然而，打手指这个办法用了一段时间，没有奏效，晴儿照吃不误。至此，夫人宣布彻底投降，把这个艰难的"攻坚战"交给我，由我接着想办法教导女儿。

　　眼看孩子"吧唧吧唧"啃得欢，我心里着急得很。这天灵机一动，我去厨房拿了一瓶醋。

　　"嘿，宝宝，看那里是什么？"

　　我随便指了一个地方，她的小眼睛果然跟着瞟了过去，也忘记了咬手指。这时，我迅速在她手指上涂了一点醋。

　　晴儿很快发现爸爸指的东西好像没有特别之处，注意力马上回到了她的手指，但一点儿也没有觉察我在上面做的手脚。

　　我看着她把大拇指伸进嘴巴里，然后在我意料之中皱起眉头"哇哇"大哭。她边哭边看自己的手指头，好像在想：怎么这么难吃了，什么怪味道？

　　等手指头上的醋味消失后，她又继续塞进嘴巴咬得津津有味。

　　看来一次还不行，得再来一次，加深记忆。这回，我拿了个小拨浪鼓在她面前晃，趁她不注意又在她手指上涂了醋。

　　这一回，小家伙尝到酸味之后开始研究起自己的手指头。

　　她盯着手指头左看右看，小脑袋似乎一直在思考：到底哪里出了问题？为啥这个手指头变得这么难以下口？

　　经过我的两次施法，晴儿认为这个手指味道不好。从那之后，她便不再把大拇指伸进嘴巴里了。说来也奇怪，她就喜欢咬特定的手指头，自从觉得这个大拇指不好吃之后，便突然对所有手指头都失去了兴趣。于是，这个伤脑筋的坏习惯就这样顺理成章地改掉了。

　　我的"诸葛小亮"的名声在家族圈大振，夫人更是对我佩服得五体投地。也因为这样，她便放心地把教育女儿的大任一并交给了我，让我着实感觉肩头沉甸甸的。

　　都说这世间最难当的是父母，最简单的也是父母，简单在你有了孩子就不得不当父母，难在当父母不会经过培训，一切都必须自己摸索。不同的孩子可能发生不同的事，他人的教育方式不能完全照搬，可谓困难重重。

　　对我来说，陪伴孩子成长又何尝不是自己的一次提升呢？

举高高：亲近，是最好的沟通

在晴儿出生后的那一阶段，我经常忙着跑社会新闻，往往回到家已经是半夜三更了。但是，无论多晚到家，我都会去亲一亲晴儿的小脸蛋，即便她已经熟睡了。孩子红扑扑的小脸带着浓浓的奶香，亲上去软软的、香香的。这个神奇的感觉能够让作为父亲的我解除一身的疲惫。

到她长大一些后，我回到家的第一件事依然是抱抱她、亲亲她的小脸。所以，只要一听见我的脚步声，她就会飞奔过来，两只手像小鸟张开翅膀一样，扑到我的身上。

"爸爸！爸爸！举高高！"

晴儿稚嫩的声音像银铃一般清脆。

我一把将她抱起，双手托着她，举过头顶，转一个圈。孩子"咯咯咯"的笑声，勾勒出一幅黄昏下班时分最温馨的画面。

这就是她所谓的举高高。就如最喜欢荡秋千一样，她热爱我们父女之间的这种亲密举动。直到现在，晴儿已经是18岁的大姑娘了，她依然喜欢和我抱抱，就如小时候一样。当然，我再也举不动她了——她早已是个超过一米七的大姑娘了。

我时常会听到一些家长抱怨孩子如何如何叛逆，多么不听管教，亲子关系不是理想中的其乐融融，而是现实的针尖对麦芒。父母和孩子之间充斥着数不尽的冲突，强烈对立甚至到没有任何缓和的余地。

我想，父母首先应该从自己身上找原因。因为每个孩子都是从婴儿慢慢长大成人的，在这么长的时间里，孩子的性格会受到父母潜移默化的影响。换句话说，如果父母正确教育孩子，与孩子好好沟通，怎么会出现双方针锋相对的情况呢？

晴儿与我比她与妈妈还要亲近，遇到问题，更多的是与我商量。这也许归功于小时候我与她有更多的亲子互动——抱抱、举高高。

从抱抱、举高高中，小小的她能够感受到爸爸对她的爱，如涓涓细流，温润流长。投之以桃，报之以李，她从小就比别的同龄人更成熟、更懂事。我想，这应该来源于她对父母的爱吧。

离开舒适区：从学爬开始

"乌龟乌龟爬爬，早上出门采花！乌龟乌龟走走，傍晚还在门口……"

自从有了晴儿，我的儿歌学了不少。这时候，我一边念着儿歌，一边满头大汗地趴在地上，教女儿爬行。她并不是不会爬，而是不敢爬。她的爬行范围永远只在一条铺在地上的席子上，从来不敢超越这个边界。

"宝宝，你光在这里爬可不行啊！你看看，其他地方更好玩，咱们可以爬着去！还有许多好玩的玩具，必须爬出去才能够得着哦！"

我指着外面的玩具，苦口婆心地劝导她。

可她只是瞪着好奇的大眼睛瞅着我，也不知道有没有动脑筋思考我在讲什么，也许根本就不能理解爸爸的意思。

几番劝导未果，看来宝宝并不能够明白我的意思。

为了让女儿扩大探索范围，锻炼她的胆量，我决定亲自上阵，用老猫教小猫的方法来引导她。

　　第二日，我把客厅拖得干干净净，七零八落地放着一些玩具。最重要的是，我把那条限制她爬行范围的席子抽走了。

　　晴儿来到客厅，怔了一怔，然后奇怪地看着我，那眼神仿佛在问："咦，我的那块席子怎么不见了？"

　　我在心里偷笑了一会儿，赶紧趴在地上，四肢并用，开始围着客厅乱爬。很久没干这种事的我，这老胳膊老腿爬起来感觉还不太协调，但为了晴儿，一切都是值得的！

　　都说父母是孩子最好的老师，这话真不假，晴儿一见我的样子就开始模仿，她也开始跟着我到处爬。孩子的模仿能力是最强的，你做什么她就喜欢跟着你做什么。这样一来，她很快尝到了甜头，以前没玩过的地方居然都敢爬着去了，以前够不到的玩具也可以爬着去拿了。看着她乐呵呵的样子，"咿咿呜呜啊啊"地说着外星语，似乎也在为自己的超越小小兴奋着，我心里也如吃了蜜一般甜。

　　为教导孩子，做爸妈的即便再苦再累也毫无怨言。做了父亲的我，在教女儿爬行的这一刻，对"父母恩大如山"这句话又有了更深刻的理解。

人生第一步总是伴随着第一跤

宝宝晴儿八个月的时候能扶着墙站一会儿，到十个月左右，她已经能扶着墙迈起小步子了。看着她一天天进步、一天天健康快乐地成长，全家人欣慰不已，因为在她成长的过程中，大家都付出了不少汗水。

我以为晴儿离会走路已经不远了。然而，我高兴得似乎有点儿早，晴儿比我想象的还要胆小，不敢放手走出第一步。如果你拉着她的手，她绝不敢放开你的手独自迈步，就算强行挣脱她的手，她也只会站在原地可怜巴巴地望着你，脸上大大地写着"HELP ME"。只要扶上墙或者沙发，以及任何可以依靠的东西，她便再也不敢离开一步，绝不会让手失去这个依靠。即便没有任何可以扶的东西，她也宁可四肢着地，使出看家本领——爬！

走不过去，爬过去不就得了吗？我就是不敢走，不敢走，不敢走！

每每看到她向我求助的目光，我就为她着急。

"宝宝，你已经这么大了，可以学着走路了！"

我拉着她的小手，一边走一边说。

"你爸爸像你这么大的时候，早就会走路了！你看，自己会走路多方便，想去哪儿就去哪儿，想玩啥就玩啥……"

说着说着，我慢慢放开她的手，往后退到离她五步之遥的地方张开臂膀，等着她扑到我的怀里来。

"宝宝，来，自己走过来！"

我仿佛一只护雏的雄鹰，在鼓励孩子的同时，准备随时把孩子护在自己的羽翼之下。

晴儿犹豫了一下，鼓足勇气，向前迈出了第一步。她那摇摇晃晃的样子着实让我捏了把汗。第二步也还好，第三步却没踩稳，她毫无预兆地摔倒了！我急忙扑上去想扶住她，可还是来不及了。

她就这么结结实实地摔了一跤，顿时"哇"的一声大哭起来。这个惨痛的教训让她对自己走路越发没有信心，仿佛再也不想走路了。

宝宝没有信心，爸爸怎么能对你没有信心呢？

好在晴儿一向乖巧，依旧非常配合我们。于是，我和彩林各在一边，半蹲着，在引导她走向一边的同时，突然放手。她一时没有反应过来，居然自己轻松地走了几步，虽然最后几乎总是扑着倒在了大人的怀里。这毫无疑问是她成功路上的一个里程碑！经过数次这样的练习，她终于能够自如地掌握平衡，能够自己走上几步了。

有一天，她小心翼翼地放开了墙，稳稳地走到我身边。她张开双手，奶声奶气地说：

"爸爸抱！"

我开心地一把把她抱了起来，原地转了好几个圈才平息心中的激动之情。

过去总是会看到燕子妈妈教小燕子学飞，有时候能在地上发现飞下来却飞不上去的小乳燕。燕子妈妈在树上干着急，不停地"啾啾"叫。小乳燕的第一次飞行总是会飞下来却飞不上去，而人类爸爸妈妈们的小乳燕，他们的人生第一步总是伴随着人生第一跤。反之亦然，他们在人生第一跤之后，也总是会迎来人生第一步。

人生任何时候摔跤都不应该被心疼，摔跤后继续前行更有意义，更值得被期待和鼓励。

好在我的辛苦没有白费，我家的"小燕子"总算学会自己飞翔了，更广阔的天空正等待着她去探索！

抓周：美好未来的第一个预言

"江南风俗，儿生一期为制新衣，盥浴装饰。男则用弓矢纸笔，女则用刀尺针缕，并加饮食之物及珍宝服玩，置之儿前，观其发意所取，以验贪廉智愚，名之为试儿。"

这种风俗被称为抓周，民间流传已久，在我们这里的农村也风靡一时。抓周仪式是孩子第一个生日的庆祝方式，也是一种预测孩子前途和性情的仪式。晴儿的抓周仪式在她一周岁的那天如期进行。

我准备了七八样东西，有毛笔、印章、糖果、算盘、书本、钱币等，将它们一起放在桌子上。随后，我把晴儿也抱上了桌子。

每种物品都有一定的含义。

比如，书本、笔意味着读书写作等方面的兴趣天赋；人民币代表富有，善于理财；印章代表官位、权力；算盘自然是精打细算，代表商家或生意人。

晴儿坐在一堆物品中间，好奇地睁着大眼睛左瞧瞧、右瞅瞅。全家人围着她，各自揣测她的心思，究竟会抓什么。

尽管只是风俗，并不是抓了什么以后就一定会怎样，我的内心还是有几分紧张。

"嘿，晴儿抓了毛笔！"

夫人欣喜地惊叫起来。

"看样子以后读书是不用愁了！"

我口中打趣，心里还是相当愉快的。

女儿抓了一支毛笔之后，显然还有些不满足，眼光又盯上了算盘。算盘比较大，是那种老式的用木头做的，还挺沉，可她却一点也不嫌笨重，用尽力气将它拖到自己身边，拨弄起来。

"哎哟，看来还是个做生意的料啊！"

大家相互看了一眼，随后哈哈大笑起来。

还别说，抓周抓到的这两样东西还真的与她之后的性格和爱好颇有些联系。

晴儿的书法真的让我望尘莫及。在计谋策略方面，她更是让我这"诸葛小亮"甘拜下风。

无论抓周抓到什么，我总是对晴儿说，事在人为，即便有再好的天赋，不去努力，也将会竹篮打水一场空！

机智陪读：让适应有一个缓冲

俗话说："一朝被蛇咬，十年怕井绳。"

自从晴儿误喝农药敌敌畏之后，我便加强了安全防范，但仍旧战战兢兢。在农村，危险因素实在太多了，说不准一口井、一根绳子都能伤害到孩子。

再三考虑之下，我决定让晴儿去上幼儿园。孩子马上要到入园的年龄了，至少学校的环境相对来说会安全不少。此外，还有老师可以时刻照看孩子。

为让孩子的学校教育有个良好的开端，我托人将她送到了市里的机关幼儿园。

晴儿第一天到学校时，那号啕大哭的场面可真是惊天地、泣鬼神。她死命抱着我的大腿不肯松手。她这一哭，那叫一个伤心。其他小朋友看到晴儿哭成这个样子，也跟着一起哭了起来。一时间，整个教室里哭声此起彼伏，乱成交响乐。

见此情景，老师赶紧把我打发走，说："刚来幼儿园上学的孩子都是这样，几天就好了，孩子总要有个适应的过程。"

我一狠心，撇下一把鼻涕一把泪的她，扭头就走。这一路上，我都没敢回头，只怕再多看一眼，就走不了了。

可是，人到了办公室，我的心却还在幼儿园里。晴儿那肝肠寸断的声音，让我一整天都魂不守舍。从小到大，她何曾离开过家人半步？从小独自生活在农村的晴儿，突然到了陌生的环境里。陌生的同学、陌生的老师，在这个陌生的世界里，她该是多么害怕与无助啊！胆小的晴儿是不是现在又哭起来了呢？

想到这里，我竟然红了眼睛，眼泪不争气地往下掉。都说男儿有泪不轻弹，我却在女儿上幼儿园的第一天躲在办公室哭了半小时，一时成为办公室的笑柄。

第二天送女儿去的时候，她依旧哭得稀里哗啦，抱着我不肯放手。我实在舍不得晴儿，心一软，只好找老师商量能否进去陪她一会儿。

"孩子哭嘛很正常，还没见过你这样的家长！"

虽然不合常理，却合情理，老师经不住我的软言相求，破例让我留了下来，给我拿了一个小凳子陪晴儿坐在一起。

晴儿看到我也坐在教室里上课，一下子就安心了不少，眼泪也立马收了回去。不一会儿，她的心思就飞到了各种玩具上。趁她不注意的时候，我偷偷地溜出教室，赶去单位。

等到放学来接她的时候，她还很奇怪：爸爸不是在教室里吗？怎么会突然出现在外面？

"宝宝，爸爸一直在这里陪着你啊！爸爸在干别的事，我一直看着你呢。等到你放学了，爸爸不就来带你一起回去了吗！"

看到晴儿恍然大悟的样子，我心想这招应该能管用。

第三天，我故伎重演，让她相信爸爸就在幼儿园里，只不过是在干别的事。几天之后，她已经完全适应了幼儿园的生活，完全忘记了哭这回事，各种新鲜的课程、新鲜的事物、新鲜的小朋友，占据了她的脑海，早就不在意爸爸还在不在学校里了。

现在的幼儿园，在暑假里就有让孩子去试读的课程，这是一个非常人性化的举措。孩子的适应的确需要一个过程，也许有家长的陪伴能让孩子更快地适应幼儿园。家长粗暴地一走了之，让孩子觉得天都要塌下来了，何尝不是对他们的一种伤害啊！

幸运的是，晴儿入园这关就算这么有惊无险地过去了。

智慧助人受人赞

想到女儿小小年纪便如此多灾多难，我这个父亲常常悲从中来，自责不已。所以，无论多辛苦，我都没有怨言，都怪我没能好好照顾她，让她吃了这么多苦。

每年秋冬季节，都是我们全家人的难关。

这"难关"难在晴儿身上。她一到秋天，上呼吸道就开始反复感染。如果天气冷热交替，她的病会更严重，往往一发作就引起肺炎。

在医院，医生给晴儿拍了片，发现她的肺不太好。医生问晴儿小时候是不是受过什么创伤。

我想起她出生时就因为吸入性肺炎抢救过一次，又在小时候误喝"敌敌畏"抢救了一次。洗胃对身体伤害很大，导致营养吸收能力比较差，她的身体一直虚弱。

为给她看病，我们求医问药好多年。后来，我们打听到第四人民医院有个叫洪庆成的医生，医术高超，治这个病十拿九稳。坏消息是，这个专家一天就看一二十个病人。那时还没有网上挂号系统，挂号都得自己去排队。于是，凌晨4点，我就站在门口等挂号了。

晴儿的病每次到洪医生手里，三下五除二便可以基本治愈，可这毛病在来年秋冬又会卷土重来。如此反复，周而复始，晴儿难受，我更心疼。

有一回，孩子又犯了病，在输液室打点滴。我要上班，没办法陪她，只能让她一个人留在医院。我给她留了一个手机，让她打完点滴给我打电话，我去接她。临走前，护士对她说："小朋友，你要看好瓶子里的水，快要没有的时候就按铃，否则就会有危险。"

晴儿牢牢记住了护士阿姨的话，如果瓶子里的水没有了，不及时叫护士会有危险。于是，她一直乖乖地坐在那里，眼睛不时地瞧着输液瓶里的药水，一刻都不敢懈怠。她在关注自己的药水的同时，还关注隔壁的，以及一切她所能看到的瓶子里的药水。

这一次，她突然发现一个老阿姨的输液瓶空了，而那位阿姨却呼呼大睡，更别说按铃叫护士了。

晴儿立刻紧张起来了，这会有危险啊！不行，得赶快叫护士！急中生智之下，她按响了自己的铃，把护士叫来了。

"护士阿姨，那个阿姨的水没有了，她睡着了！"

晴儿指了指斜对面的阿姨，这下可把护士吓了一跳。幸亏晴儿发现得早，护士阿姨不由得大力表扬了晴儿一番。

因为这件事，主治医生洪庆成记住了这个独自打点滴的小女孩，还特地来问了她的名字。

"哎哟，你家囡囡不得了！了不得……"

我去接她的时候，洪庆成医生对我竖了竖大拇指，赞美之情溢于言表。

面对医生的夸赞，我心里乐呵呵的，为孩子的机智喝彩。

只是她的病依然年年犯，如何根治成了全家人的心事。

我相信，好人终究会有好报！尤其是晴儿这么善良可爱的孩子，老天真的忍心让她受一辈子苦吗？

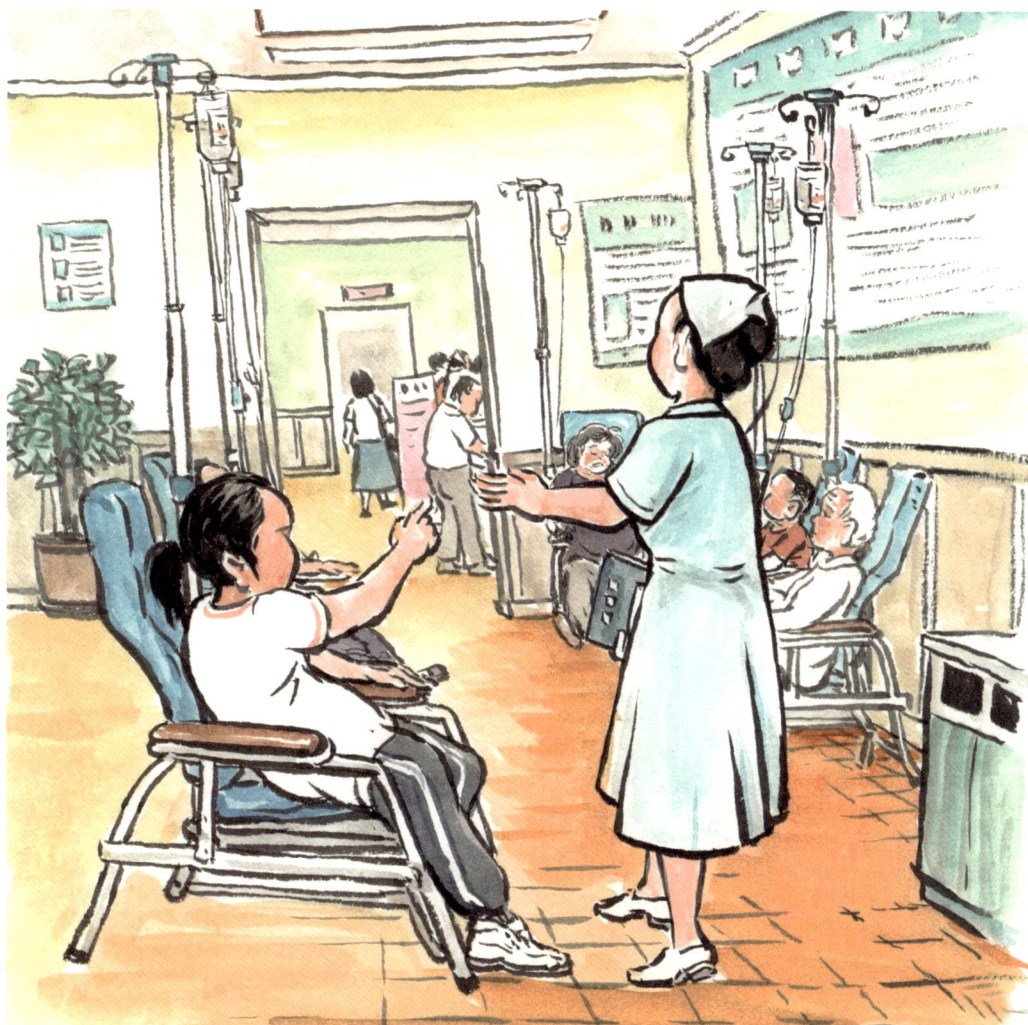

神秘药方靠"智取"

因为老毛病，晴儿每年都要去洪医生那里报到，又因为上次机智按铃事件，一回生二回熟，洪医生就和晴儿渐渐熟了起来。

如果病情不严重，只要吃药，晴儿的老毛病三天就好，可严重起来就必须打点滴。很不幸，这次她又得一个人在输液室打点滴了。我照例去上班，让她打完点滴给我打电话。

一会儿，我就接到了她的电话。

"爸爸，我想吃水果了！"晴儿说道。

我说："好，爸爸一会儿接你时帮你买。"

以前生病打点滴，她可从来没有要求过吃水果啊，今天太阳从西边出来了？

"爸爸，你一定要给我买水果篮，很漂亮的那种！"晴儿在电话里强调。

我要是还看不出有问题，那"诸葛小亮"的名号岂不是浪得虚名了。不过，我确实不知道这小妮子鼓里又埋了什么药。

到时候，我遵守承诺去水果店买了一个很大、很漂亮的水果篮。

晴儿见到我手里拎的水果篮之后，眉开眼笑，神秘地对我说："爸爸，洪医生有事找你，你把这个拎到洪医生办公室去！"

"哦？"

果然有鬼，我扬了扬眉毛，心里开始琢磨到底是什么事情。

洪医生一看我拎着一篮子水果进来，立即摆摆手拒收："我这里是不收礼的，你还是拿回去吧！"

洪医生微胖的脸上戴着一副很普通的眼镜，平时看病和蔼可亲，这时候却特别严肃。

我连忙说道："这不是我的主意，是我女儿要我拎过来的，我也不知道发生了什么事儿！"

"哦，你女儿是……"

"朱佳晴！"

我毕恭毕敬地回答，暗想其中肯定有故事。

"啊，是这丫头啊！"

洪医生不禁笑了："你女儿太厉害了……"

果然不出所料，我走后，错过了晴儿的又一个精彩故事。

原来，小妮子这天一边输液，脑袋里一边在琢磨：怎么才能让这病断根呢？啥时候才能冬天不来输液呢？

她把护士阿姨叫过来，说要找洪医生。

"洪爷爷，你知道我爸爸是做什么的吗？"

洪医生摇摇头，不知道这小姑娘到底要干什么。

"我爸爸是个记者，昨天晚上蠡口家具城失火，我爸爸去跑新闻，很晚才睡觉，今天又要4点爬起来挂您的号。我爸爸很辛苦！"

晴儿顿了顿，继续说道："洪爷爷，我知道您医术高明，一定有办法可以根治我的老毛病！您可不可以给我一个方子，让我明年不用再来找您看病？"

多么懂事的孩子啊！

洪医生顿时被孩子的孝心打动了。更让他意外的是，晴儿还主动要求我买个水果篮送到他的办公室。

"你女儿智商和情商都十分高哦！我已经答应她了，给她一个食疗方子。你拿回去试试吧！"

他在处方笺上"唰唰"写下食物名称，并且交代我怎么服用。

"你有一个好女儿！"洪医生笑着对我点了点头。

具体方法是这样的，在夏天三个月，用冰糖鸡头米，还有冰糖炖梨。这两样食物交替吃，今天吃鸡头米，明天吃梨。就这样轮流吃，吃一个夏天。

说来真是神奇，自从遵照洪庆成医生的食疗方案进行调理之后，晴儿的老毛病竟然真的痊愈了，断了根，自此没有再发过！

晴儿用自己对他人无私的善良、对父母真挚的爱，感动了护士，感动了医生，最终使洪医生亲自开方为她治疗。我相信，这一切，冥冥之中自有天意，善良的人终究会得到好报。

至今，晴儿还常常想起并感谢那位和蔼可亲又医术高明的老爷爷。

神算：294.5≈295＝出国游

294.5在什么情况下等于295呢？那就是在晴儿小学升初中的时候。

我和晴儿约定，如果总分能考满295分，我便带她出国旅游，地点任她挑选。我们击掌三下，表示约定达成，这回可把晴儿乐坏了！旅游既是一种奖励方式，也是一种很好的放松方式。

随后的一段时间里，晴儿果然比以往加倍认真，十分乖巧。我专心自己的工作，一时把这件事放在了脑后。

直到有一天，我突然接到晴儿的电话。

"爸爸，你晚上回家吃饭吗？"

我丝毫没有觉察到她话语中蕴含了些许与以往不同的小兴奋。

"可爸爸晚上有个应酬……"

"你晚上一定要回来吃饭，好吗？我有件好事儿要和你说！"女儿随即央求道。

我心一软，就答应了。毕竟再忙的事，也比不上女儿的事重要嘛！不过，我心里还是有些纳闷：这小丫头在搞什么鬼？

等我到家的时候，餐桌上已经备好了一桌子菜，不少是我特别爱吃的，其他的也都是不错的下酒菜，不禁让我咽了好几口口水！

"这可是我和妈妈一起特地为你准备的哦！"

女儿说完，又从冰箱里拿出两瓶啤酒，殷勤地打开，给我倒上。其间，她更是不住地给我夹菜倒酒，我的酒杯从没喝空过。

虽然对今天有这么好的待遇感到疑惑，觉得有些猫腻，但始终都没见她想说什么，我也就沉溺于眼前的美食美酒中了。

不一会儿，两瓶酒便基本空了，我也有些晕乎乎的了。这时候，晴儿突然向妈妈抛出了一个问题。

"妈妈，我问你一个问题，你小时候有没有学过四舍五入？"

夫人彩林愣了一下说："对呀，学过呀！"

我有些回过神来了，但我和夫人都不知道这小妮子葫芦里到底卖的是什么药。

"好！妈妈，那294.5约等于多少？"

做了这么多铺垫，小丫头终于抛出了她的重点。

"294.5啊，约等于295！"

彩林想都没想便脱口而出。

这时，我瞬间明白了女儿的意思。睿智的光芒在女儿的眼睛里闪烁，她露出胜利的笑容，给我举了一个大大的剪刀手。我暗想，这回算是栽在你手里了，你蛮聪明的嘛！

"耶！恭喜你，妈妈！你答对了！老爸，你快去安排一下去韩国旅游的计划吧！你看我们家我排老大，妈妈是老二，你是老三！妈妈都说是295了，你还想不认，不成！"

这意思就是，我这个当老三的只能听他们的了！这在家没地位，就是要受"委屈"。

随后，我慢慢回过神来，原来女儿给我设了这么一个周密的"圈套"：趁我三杯啤酒下肚晕乎乎的时候给我致命一击，让我糊里糊涂中了计。我一边哭笑不得，一边暗自感叹，你可比老爸当年强多了，真不愧是青出于蓝而胜于蓝。

当然，我是个原则性很强的人。一是一，二是二，我在这方面从来都不马虎！我可不会真的为两瓶啤酒就屈服了！

于是，背地里，我向老师打听这次考试的具体情况。

原来，这次英语考试在作文方面扣分比较苛刻，几乎到了鸡蛋里挑骨头的地步，照理晴儿应该是296分！得知这一点后，我对晴儿的情商和智商十分满意了。

韩国行由此尘埃落定。

我想，也许她这一辈子都会记得这一次294.5分换来的韩国游，因为这不是随随便便得来的。她努力了，付出了，也争取了，这是她应得的！也许，她以后也会跟孩子分享这件有趣的事情。更重要的是，她一定会懂得，答应的事就必须做到。诚信，靠的是言传身教！收获，靠的是自身努力！

幸福"百宝箱"，积爱如山

"妈妈，你能不能晚上不做稀饭？"

有一回吃晚饭的时候，女儿突然提了这么一个要求。

夫人奇怪地问道："你不喜欢吃稀饭吗？"

我们家晚上一般都做稀饭，吃得少，也容易消化。但是，稀饭有一个缺点——吃完很快就会饿。

"不不不，没关系，大家都喜欢吃就做稀饭好了！"

女儿摆摆手，继续吃晚饭。

我看在眼里，心里却在琢磨：晴儿为什么这个时候会提这个问题呢？其中一定有蹊跷。那一阵刚好要中考，孩子的复习压力很大，每天都学习到很晚。

我突然想：会不会是因为吃稀饭晚上会饿？不要说孩子了，我晚上11点睡觉时可能都会觉得饿呢！我越想越觉得有道理，那自然要为晴儿排忧解难了！

想到这里，我立即去超市买了一个箱子，选购了不少她爱吃的干粮、零食、水果等，装了满满一箱子，放在她房间里。过了两天，我查看箱子的时候却发现，里面的东西一样都没少。

我有点疑惑，难道是我的判断出现了错误？不应该啊！

我挠了挠头，怀疑是否自己的第六感出问题了，左思右想想不出个结果来。我又开始看那个箱子，看来看去，终于发现了问题所在——我买的箱子是个帆布箱，外面根本看不出里面装的是什么。晴儿一定不知道里面有吃的东西，再加上一心一意做功课，压根就没有想到去打开看。

　　于是，我又连忙跑到超市，买了一个透明塑料箱，把帆布箱换出来，重新把食物装进去。第二天，我发现这个方法奏效了，里面苹果少了，香蕉少了，饼干也少了。

　　我乐了，嘿，果然被我猜中了！

　　自此以后，及时为女儿的食物箱添加吃的便成为我的新任务，我乐此不疲。但是，女儿从来没有说过什么，她只负责吃，我只负责往里面放。我们父女间的默契就是在这样默默的温情中形成的。

　　后来，她对我说，世界上最懂她的非老爸莫属。虽然平时对孩子还是比较严厉的，女儿仍旧很感激我，她说在看到这个箱子里的东西每天都有不同的更新，并且都是她的最爱的时候，心里就暖暖的。她能感受到爸爸对她深沉的爱，即便不说，爸爸也能知道她学习辛苦，累了饿了，为她准备好了晚上加餐的零食。

　　她还为这个箱子取了一个名字，叫"幸福百宝箱"。这个百宝箱一直延续到现在。尽管她回来得少了，可每次回来前，我都会给箱子里更换点吃的。在她看书做作业饿了、累了的时候，可以休息一下，补充点能量。

　　晴儿读书很用功，成绩也越来越优秀，她说有这个百宝箱的一大份功劳。每当她懈怠的时候，啃几块百宝箱里的饼干，就会重新充满力量；而激励她的，我想是这百宝箱背后父亲对她最真挚的爱吧。

生日连号钞，真爱无价

11月25日，是宝贝晴儿的生日。

我除了每年例行给她写信之外，还给她准备生日礼物。

"爸爸，我生日要到了，你要不要给我送点什么礼物啊？"

这小妮子提前几天就来打探风声了。

"当然咯！肯定会给你礼物的，别急呀！"

其实，我早就在计划了，只不过一直没想好送什么。

"一定是个大惊喜吧？"

晴儿贼兮兮地笑着。

我点了点她的小鼻子，看着她一脸期待的样子，心里却纠结了起来。我该制造一个什么样的惊喜呢？

这件事一直放在心头。酝酿了几天，我突然灵感闪现：何不去寻一套生日纪念钞，可以保存一辈子呢！买其他吃的用的东西，没有这个有意义。

费了不少周章，我终于从中国人民银行找到了这套纪念币。其实就是五角、一元、五元、十元、二十元、五十元、一百元，都是连号钞票，刚好就是我女儿的生日。我把这些钱币装成册，再附上给女儿的信一封，一份生日礼物就完工啦。

在生日当天，晴儿吹完蜡烛，就开始眼巴巴地等着我的礼物。我变魔术似的将它们从口袋里拿出来，送到女儿面前。

"给，爸爸的礼物！"

女儿好奇地打开纪念册，顿时被这些崭新的钞票吸引住了。一开始，她还不很明白我为什么给她钱，左看右看，终于发现了这些钱币的特别之处。

"哇，编号是我的生日耶！"

她惊呼着，刹那间，眼泪夺眶而出。

"爸爸，太谢谢你了！"

女儿的惊喜立即转化为感动，紧紧把礼物抱在怀里，然后偷偷躲了起来。我知道她是在看我给她写的信。

这么多年来，每次生日，我都在用心给她准备礼物。这份凝聚了爸爸很多心血的纪念币，她说出嫁时都要带走，要珍藏一辈子。

对于父母的爱，孩子能做得最好的回报也许就是努力做一个好孩子，用功学习。尽管我并没有对她有过什么要求，从来不会督促她学习或者干什么，但她都自觉做到了。因为她懂得感恩，也懂得回报父母的最佳方式是什么。

病中的你遇到暖心

大家都知道，新闻记者要不断地跑，虽然很累，却锻炼了体魄，再加上我的身体素质一向不错，所以很少生病。

可是这回，我真的扛不住了。

打完稿子的最后一个字，点击发送，我长出了一口气。突然觉得浑身发冷，我这才意识到自己穿着湿透的衣服又工作了好几个小时。等完工的时候，我的眼前已经金星四溅，差点一个趔趄倒下去。

事情要从白天那个拍摄任务说起。

大雨滂沱，而我的任务恰恰就是蹲在路边拍摄大雨。

我把伞架在肩膀上，手里捧着摄影设备，正在认真工作。没想到，一辆车把我这么大一个人完全忽略，还加大油门从我旁边飞速开过，我被溅起来的积水从头淋到脚。那一刻，我下意识地扔掉伞，保护手里的设备。

看我被淋成这样，我还没去找司机算账，路人就纷纷看不过去了。大爷大妈纷纷冲上前，一把把车子拦下来，开始指责司机。

"你没长眼睛啊，人家记者在冒雨拍，你还开这么快？"

"就是啊！就是啊！素质太差了！"

……

我压根顾不得这个司机后来说了啥。虽然很感谢路人相助，我还是得从大妈大爷的包围圈里艰难地脱身，拍完照片就急着赶回社里发稿。工作狂精神一上来，我就把身上的湿完全忘记了，就这么伏案工作了很久。

"糟糕，我好像要生病了！"

身体发出的危险信号被我完全忽视，等发现时已经很严重了。

回到家，我简单冲洗了一下就倒在床上，只觉得自己跟一条正在被水煮的鱼差不了多少。晴儿正在家里，她察觉到我有些不对劲，隔一会儿就跑进来摸摸我的手、摸摸我的额头。

"爸爸，你怎么了？你的额头好烫啊！"

她非常担忧地问我。

"爸爸……可能生病了！要休息一会儿！"

我烧得迷迷糊糊，强打精神跟她说话。

"爸爸也会生病吗？爸爸，我有什么可以帮你吗？"

在晴儿的记忆里，爸爸一直壮得像头牛，风里来雨里去，从来没有见过这么脆弱的爸爸。这会儿的我让她急了。

"你给爸爸额头盖块毛巾！"

晴儿依照我的指令给我盖上了毛巾，可还是不放心，提出要给我去买药。孩子这么小，我当然不放心她一个人出去，所以让她打电话给她妈妈，让妈妈下班带点药回来。

晴儿在客厅里等啊等，等到妈妈下班，连门还没进，就迫不及待地去讨药了。

"药呢？"

"啥？"

夫人这时候才想起来女儿交代的事情。她事多，一忙就忘了。

"那让妈妈把包放进来，再去买吧！"

"不行！现在立刻去买！现在已经9点了，再不去关门了！爸爸在发烧啊，你怎么能忘记呢？"

我一辈子都忘不了女儿那时候的语气，交织着愤怒、焦虑和担心，她像个大人一样指责她妈粗心大意，并叮嘱该去哪儿买药。那个药店，我曾经指给她看过，她竟然记住了。

"爸爸，你好点没？你什么都没吃，你饿不饿？囡囡给你弄点吃的吧？你都病成这样了，你工作不要这么拼命好不好？"

孩子的口吻就跟一个大人似的，我几乎能想象到她的眼泪正在眼眶打转，她在指责我对自己身体的疏忽。

第二天，夫人略带醋意地告诉我，孩子昨晚上几乎一夜未睡，过一阵就来看看我病好点没有。她甚至指责她妈对我不够关心，我都病成那样了还能睡得着。

我不禁哑然失笑，心里温暖得像焐着火炉一样。

哦，我可爱的女儿！小小年纪的她，并不明白爸爸只是普通的感冒发烧。在她看来，爸爸病倒几乎是天要塌下来了。

我的病让晴儿在一夜之间成长了不少。我知道，爱才是成长的基石。

爱的陪伴不是施舍

爱心是人性最美丽的品质，没有爱心就不会有人与人之间的关爱，就不会有人类的进步。对一个孩子而言，没有什么是比爱和善良更重要的事了，这是孩子将来亲和社会的基础和前提。

可是，怎么才能培养孩子的爱心，让他们懂得感恩呢？

学校以此为教育目的，组织孩子们去敬老院慰问孤寡老人。

从敬老院回来之后，晴儿突然郑重其事地把我和她妈召集起来，说是要宣布一个重大的事情。

"爸爸妈妈，我们现在一家子在一起很幸福。但是，如果有一天，我出国留学了，爸爸又出差了，家里不就剩妈妈一个人了吗？如果有一天妈妈加班了，爸爸你是不是也是一个人了？我们三个人在三个地方为各自的事情而奔波。"

"对！"

我和她妈面面相觑。晴儿不说，我们还真没仔细考虑过这个问题。

"那么有两个字会冒出来，孤单！"

她的表情在严肃中又带着一丝悲伤。

"你说得对！宝宝，那我们该怎么办呢？"

我似乎开始有点了解她的意思了。

"那么，爸爸妈妈，我今天一定要你们保证，家是我的港湾，不管我到哪里，你们都不要去敬老院！你们要是觉得无聊了，可以去找老同事、老朋友，找亲戚。但是，千万不要去敬老院里！"

晴儿眼圈红红的，态度却异常坚定。

"可是，为什么呢？人老了，去敬老院其实是个不错的选择，大家在一起有个帮助！"

我已经明白她的想法了，还是故意反问。

这下，她才把白天的遭遇说了出来。

原来，在敬老院里，晴儿遇到了一个满头白发的老奶奶，和她聊得很开心。

"奶奶，你怎么会住在敬老院里呢？"晴儿问老奶奶。

"我年轻时家里条件也不错，身体还算硬朗，可年纪大了，孩子们都跑到国外去了，亲戚也都在外地。一个人起居又不方便，找保姆又不好找，而且需要有人聊聊天，我只能来敬老院啊！"

老奶奶很无奈地回答。

　　"我到了这里啊，觉得这里的老人都挺好的，大家互相帮助。逢年过节啊，也没个人来看我们，大家都孤单啊，正好聚在一起过节，热热闹闹的，比一个人强多了。"

　　"可是，到了晚上，当我一个人回房间睡觉的时候，还是会感觉到孤单……"

　　老人说得非常平淡，仿佛在说一件与自己无关的事情，而在这平淡的话语中透露出丝丝悲凉。这种淡淡的哀愁与忧伤萦绕着孩子，让小小年纪的晴儿对老人产生了无限的同情，以及对我和她妈妈的未来的担忧。她担心我们老了，也会像那个老人一般孤独与忧伤。

　　"所以，爸爸，你们一定不要去敬老院。那里看起来人多很热闹，其实他们还是很孤单的。以后就算在国外，我也会尽量回国，陪在你们身边；就算我们天各一方，每天也可以用视频聊聊天，互相问候一下……"

　　晴儿有些哽咽地说着，渐渐声泪俱下，仿佛这件事情明天就要发生一般。

　　我拍了拍她的肩膀，答应她："好，爸爸妈妈答应你，以后一定不去敬老院！"

　　这一刻，我知道，我的晴儿长大了。

　　这么沉重的话题，在一个孩子口中提起，让我觉得鼻子酸酸的。孩子的请求完全是基于对父母的爱，她不愿意我们老了像那位老奶奶一样孤单无依。她希望我们还能像现在一般，一家人相亲相爱相聚在一起。

　　我抱住晴儿，紧紧地抱着她。她妈妈也走上来抱着我们，三个人抱在了一起，时间仿佛在这一刻停止了。

　　"有空，爸爸妈妈和你一起去敬老院陪陪他们！"

　　我十分鼓励孩子参加公益活动，因为在各种各样的公益活动中，孩子能学到更多的东西，这些东西往往无法通过说教让孩子明白。而通过亲身体验学到的道理，孩子会记得更深刻，甚至会有更深入的理解，就像晴儿一样。

　　尤其在尊老敬老方面，我们有时候可能做的并不一定比孩子好。晴儿这一番话更是点醒了我，趁时光还在、家人健在，多陪陪父母家人！

餐桌上的亲情，餐餐都入味

身为一名记者，经常会有突发任务，因为新闻时效性非常强，某些文章早一分钟和晚一分钟发出，效果完全不一样。

那天晚上，我为赶一个稿子，饭都没吃，忙着发稿。等我忙完的时候，已经九点半了。

这时候，我发现了门口的晴儿。她很无奈地问我："爸爸，你有没有忙完啊？我肚子饿了！"

"那你怎么不先吃啊！"

我这才发现肚子饿了，那晴儿岂不是更饿了？想到这里，我便有些心疼。

"可是，妈妈要我和你一起吃！"

她小声地嘟哝。

"那我们赶紧吃饭吧，爸爸忙完了！"

我有些愧疚地摸了摸她的头。这个规定是我那可爱的老婆定的，说是为了体现我名义上一家之主的地位，要尊重我，必须和我一起吃晚饭。我不吃的话，她们也不吃。

而我这个工作狂人经常一忙起来就忘记吃饭，这不，把女儿给连累了。

走到饭桌前，晴儿利索地给我端好凳子，请我先动筷子。这也是彩林的规定，我没动过的菜，她们都不吃。

我曾经反对，说这搞得跟封建家族一样，大清都灭亡一百多年了，还搞这些做什么。我虽然是一家之主，可在这类事情上，还是夫人说了算。抗议无效，我只得接受，心里确实暖暖的。

于是，我被迫养成了每天向家里报告回不回家吃晚饭的好习惯。

如果不回家吃饭，晴儿一定会打电话给我，叮嘱我注意交通安全，注意饮食卫生。虽然是稀松平常的问候，却让我倍感温暖。

当有些应酬推不掉，而又忘记向家里打招呼的时候，我一定会回家再陪老婆女儿吃一顿，以免冷落夫人和女儿的心意。

每当我回家时，女儿就会很自然地过来给我把脱掉的外套放好。然后，我们开始有说有笑地用餐。她会把我喜欢吃的菜推到我面前，我也会把她最喜欢吃的菜放到她面前，可能这也是多年亲情默契的体现。

    她往往会告诉我们一些学校发生的趣事，如同学间的小秘密、老师的糗事儿。我也会说一些今天发生的有意思的事情。而彩林则是我们最好的倾听者，她会在我们哈哈大笑的时候，用温柔的目光注视着我们。这是我们家一天中最温馨快乐的时光，一天的疲惫在笑声中慢慢消除。

    直到现在，我们家的晚餐还是如此多姿多彩。各自忙碌了一天的家人在餐桌旁进行着爱的传递和情感的交流。这是营造家庭温馨和睦的最佳阵地。

    我们一直坚守着。

育儿宝典无"动粗"二字

中国有句俗话："棍棒底下出孝子！"这句话被许多家长奉为至理名言。

且不说此话正确与否，我本人是极力反对家庭暴力的，特别是对孩子使用暴力。在我看来，暴力是所有教育方式中最下乘的方式！只有不懂得怎么教育孩子的家长才会对孩子使用暴力。暴力对孩子的身心发展都会产生极大的阻碍作用。

故而，晴儿一出生，我便立下誓言：此生绝不打孩子。

这并不是心血来潮，一时兴起，而是在我自己还是孩子的时候就有了这样的想法。

事情要从自己刻骨铭心的经历说起。

那时候，我还是个低年级小学生，除顽皮之外，心思单纯，对什么新鲜事都充满了好奇。每个村上总有那么几个游手好闲不务正业的社会闲散人员，不巧我们村就有一个男子，平日里总喜欢寻人家开心。有一回，他对我一本正经地说："我给你看个好东西，味道可好啦！"

我满怀期待地看着他从裤兜里掏出一包红塔山香烟，抽出一支递给我。

"来，给你尝尝！"

"这玩意儿会好吃？"

我满腹狐疑，但总是见有人抽这个，貌似还挺享受的样子。

"那是当然，吸一口赛神仙！"

我接过来，学着大人的样子，用火柴点上，猛吸了两口。

"哎呀，喀喀喀！喀喀喀，你骗人！"

我很快知道自己上当了，香烟的味道呛得我眼泪、鼻涕直往下掉。

"真是的，呛死我了，哪里味道好呀？"

面对我的抱怨，那家伙乐不可支地捧腹大笑。

翌日清早，我正埋头吃早饭。

毫无征兆，也没有任何防备，父亲突然从身后出手，在我的后脑勺重重拍了一下，伴随着一声严厉的咆哮："臭小子，不学好！你怎么可以抽烟？！"

受到父亲的拍打，我的牙齿顺势往下一磕，只听见清脆的"嘎嘣"巨响，饭碗里面出现了一摊殷红的血迹和三颗碎掉的牙齿。

我的脑子一片空白，痛得几乎晕过去。过后好几天，疼痛仍旧占据着我的神经，还有各种委屈和不解。也不知道哪个好事的人，把我抽烟的事告诉了我爸。

诚然，抽烟是不对的。可我是被骗的，并没有打算学坏，也不喜欢那个味道。

至今，我仍旧清晰地记得当时父亲不分青红皂白打我后，内心产生的恨意。对父亲粗暴的做法，我在相当长的时间里无法释怀。

从那时候起，我便暗暗打算，以后自己有了孩子，绝不做使用暴力的父亲。就算孩子犯了错，我也绝对不会打他，弄清事情的原委才是首先应该要做的！

所以，在晴儿成长的过程中，我数次怒火中烧，高高举起了手，可儿时的一幕瞬间就会涌上心头，我曾经发过的誓言就会响在耳畔。我的手很快便轻轻地放了下来。十八年来，我始终遵守自己的承诺，从未打过孩子一次！

"孩子，爸爸要证明给大家看！不用打，你也能既孝顺又优秀！"

我在心里暗暗对女儿说。

为此，我从没有停下努力的脚步，晴儿也如我所希望的茁壮成长，既优秀又孝顺！

《亭亭玉立》，"嗨"翻成人礼

汉族自古就有成人礼仪，男孩子的叫"冠礼"，女孩子的叫"笄礼"。汉文化是礼仪文化，而冠笄之礼就是华夏礼仪的起点。

我们这里的风俗，女孩子的成人礼是在13岁。这一天是女孩子婚礼之前家人为她举办的最隆重的一个仪式。

女儿的成人礼，我也是策划了很久。

13岁的晴儿，已经不是牙牙学语的婴儿了，也不是那个上幼儿园哭着喊着不肯进去的娃娃了，更不是刚上小学还成天想着玩的小孩子了。她化了淡妆，穿上定制的礼服——一件旗袍，像一个经验丰富的主持人似的，泰然自若地站在舞台上。

我为她做的微电影，一幕幕在大屏幕上闪过，我的眼睛莫名地湿润了。

我在繁忙的工作中，抽出两天两夜时间制作了这部电影。电影记录了这十三年来她成长的每一个脚步，也记录了父母为她所做的点点滴滴。我亲自写的字幕，一行行在屏幕上划过，配上轻松舒缓的背景乐曲，气氛温暖而又感人。

台下鸦雀无声，时间仿佛在那一刻静止。

女儿静静地看着，眼睛里泛着晶莹的泪花。我想她是感受到了这十三年来爸爸妈妈无处不在的爱吧。

"爸爸，妈妈！我要感谢你们！"

女儿有些哽咽。

"这一路走来，我要感谢爸爸妈妈对我的付出，你们辛苦了！正如爸爸说的，今天的我已经亭亭玉立了，我要现场画一幅画表达对他们的感谢。这幅画就叫亭亭玉立。我希望赠给在座有缘人，作为我成人礼的见证！"

我惊讶地发现，13岁的晴儿好似一个明星，举手投足竟然完全不像一个孩子。难道成人礼真的有这么大魔力？

古时候，为跨入成年的青年男女举行这一仪式，是要提示他们从此将由家庭中毫无责任的"孺子"转变为正式跨入社会的成年人。只有承担成年人的责任、履践美好的德行，才能成为合格的社会角色。

而我的女儿，在这顷刻间的表现，比成年人还要成熟老练。

她铺开画纸，用二十多分钟的时间完成了她的《亭亭玉立》。画中是她最喜欢画的荷花，就如她那天的装扮，像一株青莲纯洁无瑕。

笔刚落下，台下的亲朋好友就沸腾了起来。无论未来的晴儿是否能成为一代宗师，这幅画所倾注的心血与饱含的意义，是无法用金钱来衡量的。

"爸爸，我太喜欢你给我办的成人礼了，真是太完美了！"

第一次做主角，还是这么盛大的宴会，晴儿的兴奋和喜悦难以言表。

我把手指放在嘴唇上嘘了一下。宝宝，你要说的一切，爸爸都知道。此时无声胜有声，让我们把这一切美好留在彼此的记忆中，成为永恒。在不久的未来，你一定会挥着自己的翅膀去四处翱翔。请你记得，爱你的爸爸妈妈永远为你敞开家的大门。

蜕变来自一场暴风雨

在家里，我是极少动怒的。可有一次，我的熊熊怒火真的难以控制，猛烈爆发了。让我动怒的导火索，是女儿和她妈妈的一次激烈争吵。

那一次，彩林教育女儿要好好读书，要不然以后没出息。

谁知道，正处于叛逆期的晴儿回了一句："你自己没读过多少书，有什么资格管我！不管以后怎么样，我也是你养出来的！"

女儿这一反应立刻勾起了她妈妈的伤心往事。她出生在渔船上，小时候吃了不少苦，确实没有读过很多书。这本来是她的遗憾，却被女儿拿出来嘲笑，令她尤为伤心。

我想，这对所有父母来说，都是一件伤心的事情。我们这一代父母，别说读书环境了，对大部分人来说，甚至生活都非常困难。能在那个时候学到知识的人，实在少之又少，这也是他们心中永远的遗憾。正是因为这样的遗憾，他们想让自己的孩子倍加珍惜现在学习的机会。

我回到家的时候，母女俩就剑拔弩张地杵在那里，各自向我告状。

在了解事情经过以后，我觉得晴儿有些过分了，让女儿向妈妈道歉。

岂料这孩子越发不服气了："你总归是帮你老婆的。都是我不对，我不好，行了吧！"

"你作为一个孩子，怎么可以对妈妈说出这样的话呢？难道你没有觉得不该这么和妈妈说话吗？"

我皱着眉头斥责她一顿。

她被我一说，哭着跑进房间，把门砰地关上。我怒火中烧，上去对着门就是一脚，叫她开门，她坚决不开。

"养了你这么多年，你就这样对你妈妈吗？"我声色俱厉地质问，她也是头一遭见我如此动怒。

可是，这犟孩子却像一头牛，怎么也不肯认错，只管哭得昏天黑地。

"我就是不道歉，你打死我好了！反正我是你们生的，我的命你们拿去好了！"

我忍无可忍地把手里的一支笔朝地上砸去，摔得粉身碎骨。虽然已经怒不可遏，我依然克制自己，不管怎样，都不会打孩子。所以，我只能通过这种方式发泄。

孩子的拒绝让我既生气又沮丧。我浑身无力地瘫坐在沙发上，情绪低落。这时候，我却听到奇怪的"啪啪"声。等我发现，为时已晚，彩林已经用书把自己打得鼻青脸肿。她伤心地哭着，嘟哝着，都是她的错，害我们父女反目，害我如此震怒。

我顿时心如刀绞，一手夺下她手中的书，紧紧抱着她。

看到妈妈如此难过，甚至自残，晴儿也终于低下头来。她小声抽泣地走到妈妈身边，也一把抱住妈妈，向妈妈道了歉。

"妈妈，对不起。"

其实女儿也知道自己不对，不过一时拉不下面子，和我犟了起来，最终导致这样令人不快的结果。

第二天，我召开了家庭会议。我对女儿说："这个事情的发生，谁对谁错都不重要了。重要的是，我们都对不起你妈妈，都要向你妈妈道歉。你不该冷嘲热讽你妈妈，我也不该这么发火！"

"妈妈，对不起，我错了！"

女儿再次离席，对着妈妈深深地鞠了一躬，整整有一分钟。

女儿略带呜咽的声音让我的心又隐隐作痛。夫人见状，连忙一把抱住晴儿，不停地拍着她的背说："晴儿乖，没事，不哭，妈妈没事的……"

彩林头部受伤，肿胀不已，不仅看病花了不少钱，还留下头痛的后遗症，现在时不时还会发作。

每次看到妈妈头痛，女儿都会愧疚，为年少冲动而后悔。她对我们保证，再也不会发生这样的事情了。

我相信她保证的话。在成长过程中，人必须经历些什么，才能有蜕变。尽管这个代价有点惨痛，可用夫人的话来说，这一切都是值得的。

这或许就是母爱伟大的地方吧……

放手的爱：第一次独自出门远行

"你不陪我啊？"

晴儿用那迷死人不偿命的大眼睛死死地瞪着我，期盼我能改变主意，像往日给她的各种惊喜一般。

"爸爸陪你啊，陪你到火车站！"

我狠狠心，把她的梦想打破了。

我给她办好身份证，在网上买好票，然后送她去苏州高铁北站。这一次，晴儿的目的地是山东曲阜，去参加一个夏令营。我相信她有能力开启一次独自的旅行了，永远做一朵温室的花并不是好事。

到了北站，我把身份证塞到她的口袋里，告诉她去哪里取票、怎么取、入口在哪里、安检怎么过。送她到站台，我指着火车票告诉她上面的车厢号和座位号。

"橙色车厢，3到5号向前走，5号以后向后走！找到了没？"

"找到了！"

女儿在我的提示下找到了座位。第一次自己出远门，她有些忐忑。

我不停地叮嘱她："高铁停站时间很短，只有几分钟，你要迅速做好准备上下车。还有，记得到了山东给我打电话！"

她重重地点点头："好！"隔着车厢窗户，她向我挥挥手，开始的忐忑渐渐变成了自信。

我竖了竖大拇指，心道："好样的，我的晴儿！"

高铁离开了苏州，我变得有些怅然若失，工作热情也受到了影响。我不停地看着时钟，那一天每分钟都显得那么漫长。

毕竟孩子才十几岁，以前虽然也出去过几次，甚至出国，但都是在老师、同学或者家人的陪伴之下。这回她第一次独自出远门，着实让我担心。

时间一点一滴地过去，三小时后，我收到了她的短信，已经到达曲阜。我稍微松了口气。

对方接站的人也打来电话，表示已经接到了孩子。

我的心终于放了下来。

都说儿行千里母担忧，在古代，行路要么靠脚，要么靠船，要么靠牲畜，旅程不可避免地显得那么遥远。而老母亲、老父亲在漫长的等待中，变得容颜枯槁、头发花白。无怪乎古人云：父母在，不远游！

女儿第一次独自出远门，我实实在在体验了一把这样的心境。现代交通工具和通信工具如此发达，不用多久就能知道对方是否到达，是否平安。

对于现在的父母来说，孩子就像一只雏鹰，总有展翅翱翔的一天。外面的天空是那么广阔，即便会有风雨骤至，他们也能凭借一双有力的翅膀突破天际！

适时放手，让孩子走出温室，因为没有父母可以永远照顾孩子。

拿起卡片再学一回拼音

实不相瞒，拼音对我来说是个短板。

小时候，老师教拼音的那几节课，我刚好生病，请了好几天假，后来就跟不上节奏了，拼音成了我的老大难。我的五笔输入法也学得不是特别顺畅，打字尤其费力。

没想到，我这个并非与生俱来的弱项，完完整整地遗传给了女儿。刚上小学的晴儿对拼音字母完全木然。

这让我这个做爸爸的着急起来。更要命的是，她的老爸，我自己都糊里糊涂，怎么去教她呢？

可一想到是为女儿，我咬咬牙，只能做起了小学生，开始啃这块硬骨头，并美其名曰再上一回一年级。

我买了很多拼音卡片，比如"a""o""e"三个单韵母。在卡片上，阿姨的"阿"是提示"a"音，公鸡喔喔啼的"喔"是提示"o"音，池塘中游动的"鹅"是提示"e"音，鹅的翅膀提示的是"e"形。在识声母"f"和"t"时，"f"和"t"的样子像一根带短柄的弯头拐杖。拐杖挂地可表示"f"，拐杖竖直举起可表示"t"。所以，记住弯头拐杖，就记住声母"f"和"t"的样子了。

于是，每天夫人都能看到这么一个场景：我和晴儿玩游戏。我拿卡片，她告诉我念什么，或者我们一起念顺口溜："广播广播bbb，泼水泼水ppp，两个门洞mmm，大佛大佛fff，马蹄马蹄ddd，一个门洞nnn，伞把伞把ttt……"

我们一边念一边写，一边玩一边念。晴儿很快记住了这些看起来确实很容易混淆的字母，我也顺带重新学习了一回。

因为顺利掌握了字母，晴儿的信心越来越足，23个声母、6个韵母、18个复韵母和16个整体认读音节等越来越复杂的拼音知识对她来说就渐渐变得简单了。至于前鼻音、后鼻音、翘舌音、平舌音，这些让我一直云里雾里的东西，她通过认真学习，完全能分得清清楚楚。再后来，她成了我的小老师，我不会的拼音都去请教她。

孩子在学习上遇到困难的时候，及时补充信心和调整学习方法都十分重要。晴儿就是扭转乾坤的典型。最重要的是，家长一定要对自己的孩子充满信心，不能以"天生"或者"遗传"为由放弃。

只要家长和孩子一起努力，没有什么难题是搞不定的！

伴读书童的意外成果

"爸爸，你说人与人是不是不平等的？"

有一天，晴儿突然向我抛出一个问题。

我不知道她何出此言，随口答道："对呀，你看有的人生来就家庭富裕，有的人生来就家里穷，有的人做官，有的人种田……"

"不对不对！我说的不是这个。你看我在看书的时候，你们在干吗？"

我一愣，顿时明白了女儿的意思。

她在写作业、看书的时候，我们在干吗呢？

我可能在沙发上追剧、看手机；她妈不是在玩手机，就是在做家务。难怪女儿发出此问？在她看来，我们之间是极其不平等的——在她努力学习奋斗的时候，我们却在悠闲地玩手机！

被女儿这么一说，我才发现，我们确实有许多时间被浪费掉了。看来，我得改改坏习惯了，至少做一点有意义的事情，比如陪晴儿一起看书。

"好，那爸爸明天开始和你一起看书！"

我也是个行动派，说做就做！第二天，我就买了一本《老子的帮助》。她做作业的时候，我就拿着书坐在她边上看。

"哎哟，爸爸，你不用坐在我边上看，我只是说说而已。"

女儿没想到她的"随口说说"竟然被我当真了。现在我一天到晚坐在她旁边，变成变相监视她看书、写作业了。再也不能搞小动作了，晴儿恨不得穿越回去封上自己的嘴。

"哪里哪里，说到就要做到！爸爸陪你看书、做作业！"

我故意把手机都关了，正儿八经地看起书来。

在陪伴女儿看书期间，我时常偷偷注意她。她进入阅读状态的时间很快，看书速度也很快，往往一目十行。一本书，我看一个星期才能看完，她只需要三天。

她经常自豪地嘲笑我："爸爸，你是一只慢蜗牛！"

我只能认输，在看书方面，我确实太慢了，根本赶不上她的速度。

当我质疑她看这么快是否能看明白时，她朝我翻了一个白眼，回答："我怎么就看不懂了！谁让你这么慢，我就是看得比你快！"

原来，这小丫头一直在和我暗自较劲呢！

有心栽花花不开，无心插柳柳成荫。以前怎么劝她认真写作业、好好看书都没什么用，从我当了"陪读书童"以后，晴儿不仅专注认真多了，看书效率也提上去了！

如果说父母放下手机陪孩子阅读是一种进步的话，那父母只要进步一点点，孩子就能前进一大步。放下手机是一种形式，多陪陪孩子才是根本。

二、犯错系

一之为甚，绝不可再

　　每个刚降临人世的孩子都是蒙眼的天使，对所触摸的世界充满了无限的好奇，却不能分辨危险和威胁，而父母才是他们的眼睛。安全，永远是最重要的一章，不能犯错，也没机会后悔。犯错的故事越少越好，潜在的危险越远越好。

莫让好奇害了娃：一次触碰死亡的疏忽

这是2003年5月17日上午9点37分44秒，我的内心遭受的煎熬仿佛有一个世纪那么长。可是，手上那块跟了我许久的表距离我出发的时间才刚过了不到十分钟，我知道它不会骗我。

背后跟着一个紧追不舍的交警，他追我的原因，是我骑着一辆非市牌的本田摩托，而且超速了。这些我都知道，内心又多了一分煎熬，停还是不停。

一滴汗水滴进了我的眼睛，我浑然不觉，因为眼中早已布满泪水，而更多的汗被吹到脑后。这时的我更怕汗水打到背后的晴儿，对，我背上背着晴儿。

"呜啦呜啦呜啦——"

在交警的摩托车上，警报器忽闪忽闪着。终于，警察一路呼啸着超过我，一下子横着拦在我的前面。

"你干什么呢？你不知道你的车是什么牌照？你还闯了红灯，还超速了！麻烦你跟我……"

那时候，吴县牌照的摩托车是不能进苏州城区的。没等警察说完，我就把头盔摘下来，忍不住哭了出来。

"同志！麻烦你救救我女儿吧！我女儿误喝了半瓶敌敌畏，你让我先送她去医院吧！回来你怎么罚我都行！"

此时，肩上的孩子已经奄奄一息，口中的血水洇湿了我的整个肩头！

这时，交警没有片刻迟疑，拿起了对讲机。

"110指挥中心吗？请立即通知儿童医院做好抢救准备！我这边有个孩子喝了敌敌畏，马上送去抢救！"

交警同志二话不说跨上摩托车，同时用电话和110指挥中心和医院进行沟通。

"快，我帮你开道！跟我来！"

两辆摩托车在一路警笛声中往儿童医院飞奔而去。

今天的白塔路，注定不平凡。

……

那时候，晴儿还不到三周岁。

因为孩子没人照顾，所以一直在乡下由爷爷奶奶照看。

那天，晴儿和我大哥家的孩子一起玩。一切平淡无奇，谁也不知道危险就在此时发生了。

忽然，从楼下传来了一阵撕心裂肺的哭声，紧接着是我侄女惊慌失措地呼喊。

"叔叔——不好啦——妹妹喝东西啦——"

我的心顿时一紧，连忙冲到楼下，只见晴儿满口白沫和血水，痛苦的小脸扭曲在一起，不停地躺在地上抽搐，已经无法言语了。

天哪，发生了什么事！看到眼前的景象，我浑身颤抖不已。

我看到她手里拿着的瓶子上赫然写着"敌敌畏"，已经被喝了半瓶！

一定是老人忘记把打虫子的农药放好，随手放在了孩子够得着的地方，而她把这个当成饮料了。

六神无主之下，我强迫自己定下神，用两根背带背起孩子，跨上摩托车就往镇上的卫生院冲。

然而，晴儿的情况太危险了，卫生院让我直接送儿童医院。

……

当把孩子交到医生手中的时候，我彻底虚脱了，一下子坐在地上。

感谢上苍，孩子的命保住了。

儿童医院接诊的医生说，再晚来十分钟，孩子就没命了！

我缓过神来，便立即找交警接受处罚。违反交通，该罚还得罚。

交警姓陈，拍着我的肩膀道："还罚啥呀！救孩子要紧！"

对陈警官来说，这也许只是举手之劳，可对我来说，却挽救了孩子的生命。

救命之恩，我永远铭记在心。

此后，任何她够得到的危险物品统统被收了起来。我一遍又一遍，不厌其烦地教她认识哪些吃的喝的可以放在嘴巴里，哪些是绝对不能碰的。

万幸，晴儿活了过来，避免了一场生离死别的悲剧。如果晚发现一点，如果我没有立刻把她送到医院里，如果没有警察开路，如果……后果真是不堪设想。

每个刚降临人世的孩子都是蒙眼的天使，对所触摸的世界充满了无限的好奇，却不能分辨危险和威胁，而父母才是他们的眼睛。保护他们最好的，而且最必要的办法，分为两种。

第一种是主动保护。不让他们离开自己的视线——视线不仅是眼睛的视野，更是我们的注意力范围。照看孩子，不仅要用眼睛看，更要用心看。

第二种是被动保护。很简单，移除他们身边一切潜在的危险因子。比如一切玻璃器具和尖利之物，必须放在他们够不到的地方，一切他们摔跤时可能触碰到的地方都要加以保护，如此等等。

希望天下父母都不要有粗心的举动。孩子是脆弱的，更是无价的，他们需要被时刻好好保护。

"小情人"丢了，后果你懂的

　　2004年1月1日，对于坐上那辆68路双层公交车的人来说，是一场噩梦。车子在正常行驶进入乐桥桥洞的时候，不知怎么开到了慢车道。由于这辆双层公交车的顶部比桥洞高出了几十厘米，导致整个车顶被生生削走。

　　当我赶到事故现场的时候，那里一片狼藉，各种哭喊声与"120""110"的鸣笛声交织在一起。

　　因为没人带孩子，在赶往现场的时候，我只能把5岁的晴儿一起带着。这时候，我也顾不上她了，把她委托给了旁边报亭卖报纸的大爷。晴儿很配合，她是个乖孩子。

　　"宝宝，你乖一点待在卖报老爷爷这里，爸爸去去就来！"

　　拍完现场情况，刻不容缓，我需要立即启程去医院追踪报道，只得接着把晴儿带着。

　　一想到那些可怕的血腥画面会吓到孩子，我又十分为难，一时找不到谁能帮忙看着她。情急之下，我把她塞给了医院导医台的护士。

　　"护士小姐，不好意思，麻烦你帮个忙吧！我想先把孩子放在你这儿，请帮我照看一下。我是记者，我要进去拍个照片……"

　　护士也许是第一次碰见这么无理的要求，一时不知道如何是好。

　　"这……"

　　她估计想说这不是她的工作范围。

　　只是她已经来不及把话说出来了。

　　我根本管不了那么多，把孩子往她身边一推，转瞬消失，当然也一点没有注意到晴儿的小情绪。我想她当时的心里话是这样的："这个工作狂爸爸，又把我塞给了一个陌生阿姨。"

　　为能早点拍完接女儿回去，我迅速投入工作中，可随着工作强度提高，事情挤满脑子，什么都想不到了。拍完照片，我又马不停蹄回报社发稿子，完全忘记了女儿还在医院的导医台。

　　我在第一时间发了这个重大交通事故的报道，带着扬扬自得的心情回到家里。这时候，夫人彩林也刚好下班回家，看着我惬意而满足地伸着懒腰，随口就问："今天怎么没看到女儿啊？"

　　咯噔！

　　我的心顿时在那一秒停止了。天哪，我把晴儿忘在医院了！

一看墙上的钟，已经晚上8点多了。

我倒吸一口凉气，连忙夺门而出，一路上把车开得飞快。

当我看到护士抱着睡着的孩子还在导医台待着的时候，总算松了口气。然而，我还是发现了可爱的女儿眼角挂着还没有风干的泪痕。顿时，内疚和负罪感排山倒海般涌上我的心头。居然把女儿忘在这儿这么久，我还算个称职的父亲吗？

护士看见我同样松了口气，不禁埋怨道："你怎么才来啊？怎么有你这样当爸爸的？这娃还是你亲生的不？"

我一个劲儿地赔礼道歉。由于我的疏忽，害得护士小姐在医院等了这么久，还挨了领导的批评。导医台没有给人看孩子的先例，她擅自收留我的女儿，还给她买吃的喝的，被罚不许交班，直到我来认领为止。

"你女儿还挺乖的，就是过了8点还不见你来领她，以为爸爸不要她了，哭得那叫伤心……"

护士把孩子交到我手里，揉了揉眼睛，叹了口气。

我紧紧抱着熟睡的女儿，一边道谢一边道歉，心里更是五味杂陈。这一天，对交通事故的伤员来说，是可怕的一天，而对我来说，也是惊心动魄的一天。

万幸，那天晴儿安全回到家里。我不可避免地被彩林狠狠地批评了一顿。为这件事，我自责了很久。

此后、每当看到有父母把孩子忘在车里，自己光顾忙却把孩子丢了的新闻报道，我就会想起当初自己的疏忽大意。做父母的，照顾孩子是最重要的责任，千万不能掉以轻心，否则会留下永久遗憾！

父女连心，烧水差点惹大祸

新闻里一直爆出由于小孩一人在家，玩火、玩电而引发各种事故，每次看到都会让我唏嘘不已。谁知道这样的事情居然会发生在晴儿身上！这件事情，我现在想起来都有几分后怕。

那一回，我去太仓采访。由于不方便带上晴儿，她妈妈又上班，只好留她一个人在家。

这一天，不知道怎么回事，我完全不在工作状态，总是心神不宁。有种不祥的预感一直萦绕在我的心头。也许这就是父女连心，我的直觉强烈地告诉我孩子可能会出事。

当这种感觉越来越强烈时，我忍不住给表弟打了个电话，即便知道他正在外面办事。

"你赶紧去我家看看！我总觉得家里要出事！"

我的声音这时候有些颤抖。

"好！"

表弟虽然有些疑惑，还是答应我去看看。

幸亏我及时让他去了，否则绝对会懊悔一辈子。

因为我的女儿正在家里"自杀"！

因为口渴没有水喝，她想起爸爸妈妈用水壶在煤气灶上烧水的样子，决定自己尝试一下，烧一次水喝。

煤气总阀门开了一半。也许是因为第一次用煤气灶，她总是打不着火儿。晴儿的锲而不舍精神此时发挥得淋漓尽致，尽管打不着，还是不停地打下去。

吧嗒，吧嗒，吧嗒……

煤气从半开的阀门里，顺着管道一点点弥漫出来。

直到表弟来到我家，她还在那里不停地在煤气灶上打火。

"晴晴，你在干吗？"

表弟大惊失色，因为他一进门就闻到了满屋的煤气味！

"我在打煤气灶烧水啊，可煤气灶总是点不着！"

晴儿满头大汗，无辜地看着门口的表叔。

由于表弟及时出现，晴儿又一次从鬼门关被拉了回来。如果我的电话再晚打一小时或半小时，如果表弟被任何事情耽搁而没能及时赶到我家，我这辈子也许再也见不到可爱的女儿了。

后来，我给晴儿讲了各种煤气泄漏导致的严重后果。看着那些可怕的照片，她紧紧地捂着嘴巴，惊恐道："爸爸，好可怕呀！好恐怖呀！"

她压根没有想到自己烧水竟可能酿成如此大祸。

现在大部分学校都有安全教育课了，我觉得这是一个非常有用的、有意义的课程。可惜，晴儿小时候，我对她的安全教育不够重视，而且那时也没有专门网课上。对父母来说，实在应该多给孩子普及一些安全知识。

大人在做任何事情的时候，小朋友在旁边看见了都有可能模仿。在生活中，父母要留个心眼，告诉小朋友哪些事情不能做，哪些事情有危险，因为一不小心就会导致危及生命的后果。

危险离你并不遥远

这天下班回家，我突然发现家里的气氛不对劲。

怒气冲冲的夫人、满脸委屈的女儿，还有女儿一瘸一拐的脚，让我十分诧异。

"宝宝，来走两步！"

"不行，痛！"

女儿的小脸皱成一团。

我心疼地查看了一下她的伤势，脚肿得厉害。

这才了解到放学时那惊险的一幕。

平时接孩子，彩林去得比较多。她一般骑自行车，因为家离学校比较近。

这天放学，她照样骑自行车，晴儿坐在后面。不知道好玩还是怎么回事，晴儿的脚插进了轮子里。只听"咔啦"一声，车子停了，两个人连人带车一起摔倒，同时响起了晴儿撕心裂肺的哭声。

"啊啊啊呜呜呜呜——"

彩林从地上爬起来，见女儿还在地上，一只脚卡在车轮辐条里，小腿卡在车架和车轮之间。此情此景，让她一时间惊慌失措。

幸亏有不少路人经过，马上围上来，七嘴八舌地给彩林出主意。

"哎呀，脚会不会断了啊，快打110吧！"

"不对，打120!"

"先试试看，能不能把脚抽出来！"

……

那时候，彩林见这么多人围上来，又气又心疼，一股无名火顿时涌上来，扬手欲打女儿。

"谁让你把脚伸进去的？"

好在一旁有位阿姨及时制止了她的不理智行为，说道："现在不是打孩子的时候，赶紧把脚抽出来要紧！试试看！"

好心的路人自行分工合作，分成两拨，一拨扶着自行车，一拨抱着孩子。孩子她妈慢慢地把车轮向反方向转动，可是一动孩子就痛苦万分。

夫人此时冷静下来，一边安慰女儿，一边极慢极慢地一点点转动车轮。慢慢地，孩子的小腿松了。幸运的是，那天晴儿穿的鞋子有点偏大，虽然脚趾部分被卡得很紧，但几番拉扯之下，脚竟然可以在鞋子里动了。

终于，经过半小时努力，鞋子留在车轮里，她把脚抽了出来。

众人长出一口气，嘱咐彩林赶紧带孩子去医院。

万幸的是，检查结果显示晴儿的脚没有伤及骨头，只是肿了起来。医生说，只要休养一阵子就好了。

……

"爸爸，妈妈还想打我！"

晴儿一把抱住我，委屈得不行。

我一边给她喷云南白药喷雾剂，一边给她分析问题。

"宝宝，你也不能怪妈妈。妈妈说要打你，其实也没打，是不是？她还是爱你的，看你这个样子她也心疼呀，气的是你不好好照顾自己！当然，这事也不能怪你，你也不知道把脚伸进去这么危险。万一骑得快一点，这脚可就不是你的了。"

"嗯，我知道了。爸爸，以后我再也不干这种事儿了！"

女儿擦了把眼泪，向我保证。

女儿安抚好了，我这救火队长还得去做夫人的工作。

"夫人啊，你先消消气。第一，这件事确实不能怪孩子，是我们平时没有告诉过她，脚伸进车轮有危险，说起来我们也是有责任的。第二，孩子的脚有没有事儿？没什么大事就好，还去怪她做什么！"

几番开导下来，母女终于握手言和。

经过一个月调理，女儿的脚终于好了，又恢复成活蹦乱跳的样子。

事情已经过去许久，而我由此深刻地意识到安全教育对家长来说也是一个严峻的考验。你若想得周全、做得周到，提前向孩子敲警钟，也许就能避免很多事故。有时候，也许你煮了一碗鸡汤，上面漂着一层油，看起来没有热气，其实非常烫口。孩子不知道，一下嘴就会被烫伤。这些容易疏忽的问题往往能酿成灾祸。

万一真的出了事，大人千万要冷静，沉着应对。家长不能一味地推卸责任，因为呵护孩子安全健康地成长，本来就是父母的责任。

鱼刺，想说"取"你不容易

一次晚饭过后，晴儿突然告诉我，她被鱼刺卡到喉咙了。

我一着急就想起来各种土方法，比如喝醋、咽饭团。可是，女儿眼泪汪汪地吞不下饭团，喝醋也效果不明显。特别提醒读者：这两种办法对鱼刺卡喉都没用，吞饭团更可能让鱼刺扎得更深，千万不要尝试！

于是，我带她去离家最近的平江医院。医生说这边没有取鱼刺的业务，建议我去市立医院东区问问。

我马不停蹄带着晴儿，骑着"小毛驴"又赶到市立医院东区。结果那儿也没有这个业务，对方叫我去第一人民医院。此时，我的"毛驴"已经没电了，我推着驮着女儿的"毛驴"努力往第一人民医院赶。

"爸爸，我说话很痛，但我还是想和你说说话。"

"你想说什么？"

我一边喘气一边好奇女儿又想到什么了。

"爸爸，我突然又觉得你好伟大啊，推车带着我跑了一个又一个医院。我想，要不咱们明天去吧，也许过一晚鱼刺自己掉了也说不定！"

"这可不行，鱼刺卡喉严重起来很危险！"

我确实看过这样的报道，真的有人因为鱼刺卡在喉咙里最后没抢救过来。这可能仅仅是个例，但不怕一万，只怕万一，孩子的安全永远排在第一位。

到了第一人民医院，好几个人在排队取鱼刺，我们排到第五。后来，我们后面又来了几个排队的，一个小姑娘疼得"哇啦哇啦"直叫，非常痛苦。

等轮到我们的时候，晴儿就主动让那个比她还小的小朋友先去取鱼刺。她的母亲对晴儿连连道谢，连排在后面的人也夸赞了晴儿一番。

谁知道这孩子取鱼刺，取了半个小时还没取出来。后面排队的那些人，原本觉得这是一件好事，现在有些不耐烦了，对我们的礼让颇有微词。

"我也是卡喉咙的，但这个小妹妹非常严重，所以让她先进去了。不管怎样，我们还能说话，还能忍忍，就都忍一下吧！都是大人了，总归要照顾一下小的，尊老爱幼嘛！"

晴儿这番话一出，让对方哑口无言，同时赢得了不少赞许的目光。

又等了十几分钟，晴儿才进去。

晴儿的鱼刺卡的位置也很不好，比较难取，需要我把她的舌头拉长。可是，我一拉她的舌头，她就开始呕吐。

我又开始心疼了，看晴儿这样，实在下不去手，问医生还有没有别的办法。

医生说没有办法，必须伸进去才能取出来，这个鱼刺横在里面，难取。

"爸爸，你是不是下不了手啊？"

女儿好笑地问我。

我挠挠头，还真有点不忍心。

医生见我拉舌头的样子比晴儿还痛苦，直接把我赶走了。

"你希望舒服一点拔鱼刺，还是来硬的？"

医生问晴儿。

"怎么个舒服法？"

"就是不用拔，你自己把舌头伸长，钳子下去就搞定。我呢，今天拔了二十几个鱼刺了，已经很累了，但你的举动让我很感动。你让了那个小朋友，我很感动。我们今天合作一下，你主动一点，把舌头伸长，我争取下手轻一点，你看行不行？"

这提议听起来很不错，晴儿立即答应了。

钳子下去的时候，为分散她的注意力，医生一直在和她说话。一分钟不到，鱼刺顺利拔出。

"好啦？"

女儿难以置信。

"没错！就这么简单！你老爸也不会相信这么快搞定！"

医生笑着告诉她。

在回去的路上，晴儿像打开话匣子一般和我说个不停。

"爸爸，你看你今天推车子推了一身汗，给我拔舌头，你又下不了手，还害得医生笑话你。我觉得你很委屈！"

"宝宝，这个世界没有委屈二字，因为我愿意！你一切都好，我就很开心。你平安就好。"

我心里一乐，又有些感动。其实，在爸爸心中，没有什么比孩子的健康平安更重要。

"为什么我会那么快就拔出来呢？"

她还在念念不忘拔鱼刺的过程。

我想了想，回答道："付出而不求回报的人，得到的往往更多。这也许就是你让小妹妹先拔鱼刺而得到的吧？"

最后，我想特别严肃地提醒读者朋友，鱼刺卡喉是极其危险的安全事件，甚至可能危及生命。所以，家中有幼儿，尽量不吃多刺的淡水鱼。不管吃什么鱼，父母都必须仔细把鱼刺挑净之后再喂孩子。

三、美德系

心怀天下，无人而芳

　　在孩子幼小的心里种下一颗爱的种子，收获的就是一生一世。善良，总是在别的地方得到回报。我们要永远心怀慈悲，与美德同行。

安抚会"疼"的楼梯

不得不说，晴儿走路还是有天赋的。当孩子学会走之后，对他们来说，仿佛打开了一扇新世界的大门。晴儿最感兴趣的就是家里的楼梯了。

晴儿开始走楼梯，小心翼翼地扶着墙或者扶手才敢下来。谁想走过两次后，她自以为完全没问题了，爬起楼梯来也轻飘了几分。这不，现实立刻给了她一个狠狠的警告。有一次下楼梯时，她自信满满地伸出短短的腿，迈着大大的步子，仿佛眼前的楼梯在她眼中不值一提。结果可想而知，第一步还算稳，第二步下去她就已经摇摇晃晃了，第三步就一下子踩空了！

晴儿整个人从楼梯上滚了下来，"咚"的一声，下巴撞在楼梯扶手的拐角上。晴儿被撞得头昏脑涨，满嘴是血，半天没回过神来，愣了好一会儿才开始号啕大哭。等我回到家时，晴儿的嘴巴还肿着，眼睛也红红的。好在她的牙齿没有磕坏，也算是不幸中的万幸。

我看着十分心疼，把晴儿抱在怀里又是换药又是哄她开心，安慰了好一会儿。转念一想，谁家孩子在长大的过程中没有磕着碰着过？这件事情或许是她人生中必需的一个经历，相信她以后也会小心一些。

没想到，第二天问题就来了。彩林很担忧地告诉我，宝宝自从摔了之后，再也不敢上楼梯了。没有大人扶着，她再也不敢往那个地方去了。

为解决这个问题，我绞尽脑汁，终于想到了一个办法。

我找了一根棍子，拉着她来到楼梯口，指了指扶手拐角，问："宝宝，你是不是撞了这里才疼的？"

她"嗯"了一声，眼睛始终疑惑地盯着我手中的棍子。

我听她说完，就立刻装出恶狠狠的样子，抢起棍子，佯装要打上去。

"爸爸不要！"晴儿连忙阻止我，拉住我的手。

"爸爸打它，它是不是也会很疼？"

"嗯！"

"宝宝撞了它，它是不是也很疼？"

"嗯！"

"那爸爸你就别打它了吧……"

我蹲下来，摸了摸她的小脸，又摸了摸楼梯扶手。我说："那爸爸也给它揉揉好不好？这样它就不疼了！"

晴儿的眼神瞬间温柔起来，像注视一只受伤的小猫一般看着我揉楼梯扶手。

就这样，她对楼梯的恐惧真的消失无踪了。冰冷的楼梯扶手在她眼里成了有血有肉的小朋友。有时候，她还会学着我的样子去给它揉一揉。

我相信爱能快速抚平内心的创伤，爱也比恨更容易让人走出恐惧的心理阴影。给宝宝幼小的心里种下一颗爱的种子，也许收获的就是一生一世。

冲动是魔鬼，宽容是美德

我一向不主张对孩子使用暴力手段，更别说打孩子了。晴儿出生到现在，我从未打过她，因为根本舍不得打她。

可是，在五年级的一天，她却被一个小男生打破了头！我接到老师电话的时候，简直怒不可遏。

我接到班主任电话后，立马怒气冲冲地赶到学校。等我到的时候，晴儿已经不哭了，可脸上的泪痕清晰可见，额头上还留着些许血迹。

班级里的气氛很压抑，也许大家都感觉到了我的愤怒情绪。

"晴儿乖，告诉爸爸，谁打了你？"

我强忍着怒火与心痛，问女儿。

她指了指一个眼睛里充满恐惧的男孩。这孩子明显被我的气势吓住了，涨红了脸，低着头，一声不吭。

虽然内心出离地愤怒，我仍然让自己保持理智，冷静地去了解事情的经过。

这个男孩子也是班级里特别优秀的学生，他之所以打晴儿，居然是为了争论一个话题。因为两个人有分歧，争得不可开交，他觉得晴儿不可理喻，一挥手就一拳打到了她的额头上。

我很惊讶这样的原委，也明白孩子并不是故意为之。但是，我还是第一时间要了他的家长的电话。无论如何，孩子打人是不对的，并且还让晴儿受了伤，家长必须负起这个责任。

孩子的父母接到了我的电话，也很讶异儿子的行为，因为他家孩子一直十分优秀，从未有过类似行为。

"不管什么原因，孩子打人总是不对的，希望你们一定要好好重视一下！"

我的语气很严肃。

对方家长表示会好好教育儿子，并且很诚恳地向我们道歉。

未料，第二日放学后，女儿带着水果篮、花篮和一千元钱回来了。她说是男孩子的父母买了水果篮等慰问品去了学校，男孩子当着全班同学和父母的面，向她道歉。

"不行，咱们得把这个钱和东西还人家！"

我当晚带着女儿去到对方住的小区，把礼物和钱退了回去。对方家长和孩子又一次向我们诚恳道歉。

"孩子承认错误就行了，这个钱和东西就不必了！"

我把东西还给了他们，又蹲下来，对男孩说："你要记住，任何时候，一个真正的男子汉

都不会打女人的！"

他郑重地向我点点头："叔叔，我知道错了，以后再也不会了！"

我看到了孩子眼睛里的决心，相信他会永远记住这次教训。

令人始料未及的是，晴儿此后和这个男生成了好朋友。在班级里，那个男生还很照顾她，保护她不受别人欺负。

"爸爸，多亏了你的正确处理方式，我因祸得福！"

我不置可否地笑笑，道："得饶人处且饶人嘛，他本来就没有犯什么滔天大罪，只是无心之举，你不也原谅他了吗？"

宽容是一种美德，宽容别人就是解放自己。

一碗盛满爱的馄饨

苏州人都知道有一家叫"绿杨馄饨店"的老字号，在苏州大街小巷都能见到它的身影。在我小的时候，一碗绿杨馄饨店的鸡汤大馄饨，那可称得上是上等美味佳肴了。

因为儿时一直生活在农村，能去绿杨馄饨店吃馄饨的机会实在不多，所以那时感觉尤其美味和珍贵。如今，再走进那里，虽然再也找不到小时候的感觉了，但觉得口味还是一如既往地好。

女儿沿袭了我对馄饨的热爱，绿杨馄饨店也是她最爱光顾的小吃店。这天，我带着晴儿又来到了绿杨馄饨店。

在排队付钱时，我突然听见收银员在小声抱怨什么真钱假币。

"难道收到假币了？"

我好奇地多嘴问了一下。

那收银员没好气地指了指旁边的一个老人，说道："他拿游戏币来付账买馄饨，我跟他说了这个不是钱，他还不信。"

我一看这老人的打扮，顿时明白了。

这应该是一个乞讨为生的老人，穿着与周围的人有明显差异，看不出来究竟多大年纪，古铜色的皮肤上刻着沟壑般的皱纹，浑浊的双眼带着无奈与不解。老人手里捏着硬币欲哭无泪的样子，令人于心不忍。

"这样吧，他的馄饨钱我来付。我请他吃一碗吧。"

我没有多想，就多付了一碗馄饨钱。

老人千恩万谢地给我作揖，让我很不好意思。

"爸爸，我们为什么要请老爷爷吃馄饨啊？"

晴儿一边吃一边小声地问我。

"你看不出来他是一个乞丐吗？我想应该是有人把游戏币当硬币丢给他了，他也不知道呀，还以为这是可以花的钱！一碗馄饨钱爸爸还是请得起的，让他开心一下不也很好？"

"哦哦，对！那我要去问问他，吃一碗够不够！不够的话，我请他再吃一碗！"

女儿天真地说道。

她还真蹦蹦跳跳地跑过去问了，老爷爷眉开眼笑，摆摆手，又谢了她一番。

出了馄饨店，我问她："帮助老爷爷是不是很开心啊？"

"是呀！爸爸，这个感觉特别开心哦！"

　　晴儿愉快地回答，像只小鹿一样蹦来蹦去，辫子一翘一翘地上下飞舞。

　　"对呀，我们帮助别人，别人会开心，我们自己也开心，是不是……"

　　"一举两得！一箭双雕！一石二鸟！"

　　她飞快地脱口而出。

　　"我记得刘备曾经说过，'勿以善小而不为，勿以恶小而为之'。我们也许做不了惊天动地的大事，那就从请别人吃一碗馄饨做起吧！"我说。

　　她琢磨着我刚刚说的话，用力点点头，突然冒出来一句："这就叫善良！"

　　我高兴地笑了，因为女儿懂得了善良。

做"最好"的自己

当发现晴儿的坏习惯时，我会想尽办法让她改正。所以，她的好习惯越来越多，坏习惯越来越少。可是，在她严丁律己的同时，也开始喜欢指出别人的坏习惯。

有一次，我们开着电瓶车去取包裹，我把包裹上的纸撕下来拿在手里，因为一时未找到垃圾桶。结果在开车的途中，那张废纸不小心从我手心溜了出去，我也没有发觉。

没想到，此事被坐在后面的晴儿逮了个正着。

"爸爸，你今天做了一个不好的事情！"

我一惊，心想我究竟做了啥坏事。

"啥？"

"你今天乱扔垃圾了！"

她义正词严地告诉我。

"没有啊！"

我左思右想，不记得自己啥时候干了这种事。

"包裹上的纸，我看着它从你手里漏了出去，你任由它掉到地上！虽然附近没有垃圾桶，你这样做也是不对的。"

这一刻，化身为执法队长的晴儿严肃地批评起我来。

我顿时哑口无言，只能乖乖认错，保证下次不犯。如果不知错就改，她一定还会苦口婆心地来劝导我。没办法，谁让家里我最小呢？

　　除我以外，她爷爷也有些不太好的习惯被她揪出来过，比如随地吐痰。一到我家，晴儿就开始揪爷爷的小辫子。

　　"爷爷，你不能随地吐痰！"

　　爷爷无奈地回答："爷爷生活在农村，习惯了嘛！"

　　"不行，如果大家都像你这样随地吐痰，那我们的家园就成了啥了？到处都是病菌！爷爷，你一定要改掉这个坏习惯！我跟你说，在国外你随地吐口痰，起码要罚款两百元呢！"

　　晴儿用手在空中比画了一下，两百元呢，爷爷着实吃了一惊。

　　为让爷爷养成不乱吐痰的好习惯，晴儿想了种种办法。她不但对自己家人的坏习惯深恶痛绝，甚至在路上对别人乱吐痰也恨不得立刻上去制止。

　　我非常欣赏晴儿的做法，但也知道只有孤勇是做不成事的，于是挑了个时间好好跟她聊了聊这件事。

　　"晴儿，你有没有想过，人与人是不同的，大家受到的教育不同，生活的环境也不一样。有些坏习惯也不是他们乐意的，比如有些山村，连垃圾桶都没有，你怎么要求人家不乱扔垃圾？他们也不是故意要这样，只是没有意识到而已，是环境给了他们这些坏习惯。他们意识到这个做法不好，我相信他们也会去改正的。"

　　晴儿点点头："爸爸，我做到了，我从来不随地吐痰！"

　　"我们需要以身作则去影响别人，让大家知道坏习惯改掉也不是这么难的。但是，好习惯的养成需要时间积累。如果大家都知道好习惯对自己有利，肯定都会这么做。比如，在公交车上让座，爸爸知道你做得很好，你就是在用行动影响别人了。"

　　做最好的自己，在你的行动影响下，世界才会越来越美丽。

"擦亮"平江历史街区

平江路是苏州的一张名片，是苏州迄今保存最完整、规模最大的历史街区，堪称苏州古城的缩影。今天的平江路历史街区仍然基本保持着"水陆并行，河街相邻"双棋盘格局和"小桥流水，粉墙黛瓦"独特风貌，并积淀了极为丰富的历史遗存和人文景观。晴儿的学校就在附近，平江路是她上学的必经之路。

由于这条小路的知名度颇高，所以平时中外游客摩肩接踵，更别提节假日了。

这不，这回走在我们父女俩前面的就是两位肤色迥异的外国大学生模样的人，兴致盎然地比画着，大概是第一次来苏州旅游。我难得有空来接孩子，就和女儿在平江路一边走一边聊着学校里发生的各种趣事。

忽然，我的衣角被扯动了，女儿指着前面小声道："爸爸，你看！"

在我目光所及的不远处的地上，有一个沾满了油迹的纸袋子。几根长长的竹签从袋子里戳了出来，分外显眼。晴儿早就瞥见了是谁干的。

"真是让人生气，乱扔垃圾！一点公德心都没有！"

晴儿气鼓鼓地戳了戳已经走远的两个人的背影，为他们不光彩的行为而生气。

我们很无奈地互相对视了一眼，正准备上去捡，却被走在我们前面的那两个外国学生抢先了一步。他们很自然地弯腰捡起了别人扔的垃圾，放进了垃圾桶。

晴儿叹了口气，问："爸爸，同样是人，为什么差别这么大呢？还是说有些中国人的素质就是比不过外国人呢？"

我一时语塞，为那位乱扔垃圾的同胞而汗颜。

"宝宝，我们无法要求别人来按我们的想法生活，也无法强求他们的言行，但我们可以做好自己的事情，也可以用实际行动去影响他们。"

我用期待的目光看着她，我想她能明白我的意思。

女儿若有所思地点点头。过了一会儿，她紧蹙的眉头就舒展开来，像一朵沾了雨露的花，露出开心的笑容。

"爸爸，我知道了！我知道该怎么做了！"

她兴奋地嚷嚷着，一颗颗希望的小星星在她的眼睛里闪烁。我相信，星星之火可以燎原。

第二天正好是星期六，她一大早就带上工具直奔平江路。

原来，她是去捡垃圾了！

岂料，她刚去第一天就被记者拍到了，被冠以"平江小卫士"称号，登上了《姑苏晚报》。

"宝宝，你真出名了！"

我拿着报纸和她开玩笑。

晴儿脸一红，腼腆道："哪里，还不是帅老爸给我的启发？既然现在有人认可，我想把这个事情做得更大一点，我希望更多的人能够行动起来，还平江路一片青山绿水！"

她发挥了说做就做的性格，没多久，还真的在平江路成立了一个专门捡垃圾的小分队。这个小分队经常在双休日出没。他们的意义不仅在于缓解了平江路环卫工作的压力，同时也给许多游客朋友做了一个表率，这样乱丢垃圾的现象也大大减少了。

有时候，晴儿也会去劝阻别人不乱扔垃圾。我说："你不怕被人骂，被人打，被人说多管闲事吗？"

她拍着小胸脯，正气凛然地回答："不怕，他们一般都会听我的话！这叫什么？这叫邪不压正！"

我啼笑皆非地看着面前这个勇敢正义的小姑娘，真心为她喝彩。

随着年龄增长，她必然会发现越来越多的画面并没有想象中的那么美好，我希望她能够坚持自己的想法，无论遇到怎样的情况，都"不忘初心"。

装满知识的书包，谁背谁受益

某天放学之后，我妈随口向我提起，现在的孩子书包怎么这么重。

我过去拎了拎晴儿的书包，果然分量不轻，真不知这小小的书包里怎能装下这么多东西。

"宝宝，来，我们对书包进行一次大扫除！"

我对她招了招手。

她蹦蹦跳跳地跑过来，拎起书包底就往外倒。果不其然，书包里倒出了一大堆课外书。

"哎哟，怪不得很重呢，有这么多书？"

我不禁问道。

孩子眨巴着无辜的大眼睛望着我。

"这都是我喜欢的书！"

"好吧，那我们来给它们分分类，把可以放在家里的归为一类，学校和家里都需要用到的放一起，可以放学校不带回来的放一起……"

经过整理，我发现能放在家里不带去学校的书有三分之一。把它们拿出来之后，书包顿时轻了很多。晴儿整理完，蹦蹦跳跳又准备玩去了，我赶忙叫住她。

"宝宝，你知道奶奶多少岁了吗？"

"不知道！"

"奶奶六十多岁了！年纪很大了，还每天过来接你放学，你还不体谅一下奶奶吗？"

我是想告诉她，书包该自己背啦！可是，第二天，我特地观察了一下，晴儿一出校门，还是把书包扔给了奶奶。前一天的减负行动，并没有让她意识到给书包减负，也应该为奶奶减负。

为贯彻教育方针，第二天，我特地让夫人去接女儿，叮嘱她无论如何不要帮晴儿背书包。像往常一样，晴儿放学后又习惯性地把书包往妈妈那里一扔。夫人假装手臂有些不舒服，晴儿最终很体谅地自己背了书包回家。

我的教育难道就这么简单吗？当然不是，还有下一步要做。

当晚，我就给班主任老师发了这样一条短信：

班主任，您好，今天朱佳晴小朋友放学回家时很体谅家长，自己背书包，减轻了家长不小的负担，这也是一种自立的表现！希望您能表扬她一下！

第二天，老师果然在课堂上点名表扬了朱佳晴。当然，她不知道这是事先设计好的。其实孩子被表扬的时候是很心虚的，也很难为情，毕竟也就昨天自己背过一次。她是个要面子的娃，带着些许不安，接受了同学们的掌声和赞扬。

这一天放学，我妈再去接她时，想像往常一般把书包接到手中，晴儿死活也不肯把书包给她了，说是要为奶奶减轻一下负担。

我妈回来的时候，笑得眼睛都眯起来了，不住地夸晴儿懂事。我也笑了，一番辛苦终于没有白费。我开心，奶奶开心，晴儿也懂事了！

从此以后，晴儿再也没有让家长背过书包。

很多时候，家长舍不得让孩子背书包，怕压坏了小朋友弱小的肩膀。为人父母，这样做完全可以理解。其实一个书包压不坏孩子，家长要从根源上解决书包重的问题，再让孩子自己背书包。

书包轻重不是问题关键，关键在于孩子自己背书包，这是个态度问题！

给妈妈的第一份"三八节"礼物

"爸爸，我们今天一起去接妈妈吧！"

这天下班后，我去接孩子，四年级的女儿突然提议。

我奇怪了一下："为什么呀？今天不是你妈生日呀！"

平常没见她让我去接她妈妈，今天不知道我的"小军师"又在盘算什么了。

"今天是三八妇女节呀！"女儿兴高采烈地回答，"我们难道不应该去给妈妈一个惊喜吗？"

我心里立马为女儿的这个提议点赞，她比我想得周到多了！

更出乎意料的是，她还准备了礼物！

从一年级开始，晴儿几乎年年被评上三好生。每一次，我们都会给一张一百元作为奖励。她的压岁钱都是由我们保管的，但三好生奖金是她自己保管和自由支配的。

这一次，她就用上一学年的奖金给母亲精挑细选了一束花。

从花店出来的时候，我不禁暗自高兴，看来女儿真的长大了、懂事了。

夫人下班看到我们在门口等她，有些意外。看到我手里的花，她脸一红，随即脱口而出："哎哟，你老爸这个神经病，都老夫老妻了，还买什么花？今天这是干吗呀？"

女儿捂着嘴嘻嘻笑开了。

我连忙解释："这可是女儿用自己的零用钱给你买的妇女节礼物！她还特地要我来接你呢！"

夫人愣住了，一句话都说不出来，望着女儿的目光瞬间温柔起来。

她是被孩子的心意感动了。

"妈妈，你平时又要上班又要照顾家里，还要干家务，你太辛苦了！"

晴儿把花送到妈妈怀里，她是真心在体恤并感谢妈妈。

夫人紧紧搂着孩子，眼角泛起的泪花悄悄闪过。我能感受得到那里面饱含着欣慰。

我相信，这个有着特殊意义的"三八节"将会永远留在她妈妈的记忆里。

小小洗脚工：优秀的你，大家知道吗

话说，人有旦夕祸福。这不，隔三岔五就要出差的我不小心把腰给闪了！这下子真让我头疼，闪了腰就意味着没办法做任何需要弯腰的事情，这也意味着最爱的"泡脚"得暂时告一段落了。

这天晚上，夫人彩林上夜班，我失去了得力帮手，无奈之下，只有求助还在上小学的女儿。

"爸爸，你怎么啦？"

她好奇地看着坐在凳子上的我，举着两只还穿着袜子的脚。

"宝宝，我考考你啊，爸爸腰都弯不下来，袜子都没法脱，你说该怎么办？"

她扑哧笑了一声，直率地回答："这简单啊，我帮你洗脚啊！"

她二话不说，立马行动起来，先帮我脱下袜子，随后把脚放进盆里。她蹲在地上，小心翼翼地用手给我搓脚，学着她小时候我给她洗脚的样子。

我不断地夸她："宝宝，你给爸爸洗脚，爸爸真开心！爸爸有你这么乖的女儿真的太幸福了！"

晴儿听了，笑容像绽放的花一般灿烂。

"真的啊？爸爸，你开心就好！"

洗完脚，她扶着我站起来。

"爸爸，你慢点哦，你慢点，你腰不好！"

她小心翼翼地扶着我，就像她小时候我叮嘱她一样来叮嘱我。我的眼睛突然有些湿润。

"宝宝，自从你给我洗过脚以后，爸爸睡得可香啦！"

第二日，我又一次表扬了晴儿。

她兴奋道："真的啊？那宝宝一直帮你洗脚！"

就这样，女儿给我洗了一个星期的脚。

一星期后，我的腰终于恢复了一点，可仍旧非常不利索。晴儿照样给我洗脚，没想到招来夫人的质疑。

"你是不是让女儿洗脚洗上瘾了？怎么还叫她洗啊？"

"不可以吗？你嫉妒啦？要不让女儿也给你洗洗？"

我嘿嘿一笑。

为表孝心，给父母洗脚，这事可以追溯到清代。据文学批评家朱大可记载，光绪二年，徽州官府组织数百良家儿媳给公公洗脚，场面壮观……虽然有人称此为愚孝，但当你的腰不好使的时候，这种不怕脏、不怕累、不怕麻烦的"愚孝"就显得弥足珍贵。

我受用了好一段时间，晴儿也孝顺了那么久。当我的老腰基本恢复正常的时候，她却给我洗脚洗上瘾了。她说，给爸爸洗脚，爸爸幸福，她也幸福。

整个小学期间，晴儿一有空就会帮我洗脚。我们的父女亲情也在每一次洗脚中越来越深。即便后来住校不能天天回家了，她依然一回家就抢着要帮我洗脚。

在这期间，我的小小洗脚工不仅没有越洗越"愚"，反而越洗越聪慧。

苏东坡说："大勇若怯，大智如愚。"这样算"愚"的话，何不多"愚"几回？

爱在人间，警察为罚款埋单

熟悉的人都知道，我一向很遵守交通规则。自从拿到驾照十几年来，我没有被扣过一分。但是，有一件被贴罚单的事，我却至今记忆犹新。

那一天，我们父女俩从莫邪路往齐门路去，快上一座大桥的时候，一个佝偻的背影映入眼帘。一位老人正骑着一辆装满东西的板车往桥上拼命蹬。由于货物太重，他的动作非常缓慢。

"哎哟，爸爸，你看他好辛苦啊，怎么没有人去帮他一把呢？"

晴儿皱着眉头小声地嘀咕着。

我顿时明白了，电视上一直放的央视公益广告里，有一幕小伙子帮老爷爷推三轮车的场景，对晴儿触动很深。

于是，过了桥，我把车停在路边。

"宝宝，你等我一下！"

我把车钥匙拔了，准备去帮老人推车过桥。晴儿噌地从车上跳下来，比我还快几步跑到老人车旁，仿佛那是一车她最喜爱的玩具一般。

经过我们三个人的努力，车子终于顺利地过了桥。老人千恩万谢地向我们挥手，仿佛布满千沟万壑般黝黑的脸，因为激动微微地红了。

女儿和我相视一笑，彼此看到了对方眼中的高兴。

等走到车旁时，我傻眼了。一位交警正举着手机对我的车子拍照，原来我将车停在了禁止停车区域。

这下子，晴儿可不干了。

"哎，警察叔叔，您这是在给我们贴罚单吗？"

"对呀，你们乱停车啊，这里是非停车区域，不罚你罚谁呀？"

警察一脸理所当然的样子，好像在说：这么明显的事情，你看不出来吗？

"可是，警察叔叔，你知道我们为什么把车停这里吗？"

初生牛犊不怕虎，晴儿开始据理力争。

"不知道，可不管怎么说也不能把车停这儿呀！"

警察茫然地挠挠头，估计也是第一次遇到这样的小姑娘和这样的问题。

"你看那边那辆板车，看到没？"

晴儿指着不远处的老人，还有他那辆沉重的货车。

"看到了啊！"

"那位老人运着这么重的东西，我爸爸看他实在过不了桥，没有人肯帮他一把，所以才把车停在这里，和我下去帮了他一把，这才被你贴了罚单。"

晴儿正气凛然，有条不紊地陈述着。

"我们既没有影响交通，也没有影响行人。我们是在做好事耶！我们是在帮人家。叔叔，你做警察贴罚单没错，但能不能也请你帮我们一下？"

警察一时愣住了，完全没有想到一张小小的罚单会引出这么一个故事，也没有料到眼前的小姑娘这么伶牙俐齿。

"那你说，我怎么帮你？"

半晌，他吐出这么一句话来。

"你不罚我们不行吗！"

"可这已经上传了，照都拍了，我怎么不罚呢？"

警察扬了扬手里的机器，已成定局了。

我刚想劝女儿，就这样认罚吧，不料这小妮子又开始发话了。

"警察叔叔，你这个罚单贴下去，那我以后都不敢做好事了！做好事还要被罚，出汗出力做好事还要流眼泪，你说以后这事儿我还干吗？我现在不是说心疼这五十元钱，主要是做了好事还被你罚，这种落差感让我的心拔凉拔凉的！"

这番话下去，警察开始犹豫了。他寻思了一会儿，说道："小姑娘，你爸爸还没开口说几句，你倒是讲个不停！单子呢，我已经开了，也没法撤回了。这样吧，这个钱我来替你们交吧，也算是对你的一种鼓励，希望你把这种乐于助人的精神坚持下去！不过，下次可要注意，做好事也别违章啊！"

晴儿一听，立马咧开嘴笑了，她向我挤挤眼睛，嘴巴里又推辞一番："那多不好意思呀！"

晴儿这副模样可把我逗乐了，我不禁暗自好笑。这小鬼头，耍嘴皮子的功夫确实是一流的。

警察握了握我的手，诚恳道："同志，你女儿说得对，我们执法应该人性化，才能促进社会向美好的方向发展。好了，你们走吧！这个单子就交给我来处理了！"

就这样，一次罚单风波因为晴儿的机灵而顺利平息。我对晴儿说，这次据理力争，警察没有罚你，下一次未必会这样。违反规则就要做好承担后果的准备，改变不了结果，就要坦然接受。

女儿若有所思地点点头。

不过，我自此再也没有给警察贴罚单的机会。

有一种"传染病"叫学雷锋

有一回，我和晴儿坐动车去北京参加宋庆龄基金会组织的活动，因为车票难买，很多人只买到站票。

等我们上车的时候，发现我的座位上已经坐了人。遇到这样的事情，我首先想到的肯定是维护我的权益！于是，我想请对方让座。女儿一把拉住我，用眼神示意了一下，原来那人旁边放着一支拐杖，可能是个残疾人。

"那这样，你坐着，我站会儿！"我对女儿说。

"爸爸，没事！我年轻！"

晴儿一拍自己的小身板。

我想这也是一个让她成长的好机会，就没有违背她的好意，坐了下来。

不过，这种成长机会应该适可而止。过了一会儿，我便借口去泡面，把位子让给她坐。

为让她多坐会儿，这碗面，我泡了一小时。不过，晴儿一向机智，看我去了这么久，她起了疑心。

"老爸，你这碗面怎么泡了这么久？"

"人多嘛！"

我搪塞了一下。

女儿狐疑地嘀咕着："人有这么多吗？排队要排一个小时。"

吃完泡面，晴儿叫我坐下，她也去泡面。

"不要不要，让我去泡就行！"

我连忙拒绝，怕露出马脚。

不料，晴儿执意要去看看排队泡面的人多不多。

十分钟后，她回来了。

"不挤啊，我问了列车员，列车员说这开水也不需要等。你加个热水咋加了这么久！"

她的小眼睛闪着狡黠的光芒，质问我。

我实在想不出理由来解释，只能支支吾吾不说话了。

"哎呀，你不会为让我多坐一会儿才去了那么久吧！"

"没有没有！"

我赶紧否认，心里却乐了：小家伙还蛮聪明的嘛！

这时候，隔壁那个残疾爷爷发话了："哎哟，可怜天下父母心啊！你看你爸爸为让你多坐会儿泡面都能泡一小时！"

晴儿不语，我估计她心里一定不高兴了。

从苏州到北京，动车也要漫长的六七个小时的路程，中间还经常有列车员推着小推车走来走去。过道本来就不宽敞，站着不少无座乘客，这样来来回回更挤了。

女儿突发奇想："爸爸，你看那么多人站得累死了，那么多人坐得也累死了，为什么就不能交换一下呢？"

说完，毫无征兆地，她就去拍前面一排的男人的座位。

"小伙子！"她大咧咧地这么叫着。

我制止都来不及了，只能叫她改口叫人家哥哥。

"哦，这位哥哥，我问你个事儿呗！"

那男子回头道："什么事儿？"

"你坐了这么久累不累呀？"晴儿眨着她那狡黠的小眼睛说。

男子以为晴儿想坐一会儿，想起身让她坐。

"不不不，我不要坐。你看你边上那位阿姨，站了很久。我想她一定也很累了，你让她坐会儿呗。你可以去方便方便，或者走动一下活动活动筋骨。"

晴儿指了指那个阿姨。

小伙子听晴儿这么一说，肃然起敬，立即叫旁边几个同伴一起响应她的提议，让周围站着的乘客都过来坐会儿。

最后，他们的举动竟然带动了整个车厢。小小的晴儿顿时成为车厢"网红"。

到北京站之后，那位残疾爷爷拿行李够不着，女儿立即示意我去帮忙。

"哎哟，小朋友，你有这样的爸爸真是太好了，真的谢谢你们！"

"更伟大的是，他把自己的座位让给你坐也没有跟你说，他坐的是我的座位！"

晴儿语毕，残疾爷爷瞠目结舌，感动得连连道歉又道谢。

我忙安慰他说："没关系，您腿脚不方便，我们能照顾您，肯定照顾您！轮流坐不是也很好吗，您看大家都轮流坐了！"

这趟列车的车厢被浓浓的爱包围着，只因为晴儿的一个举动。我很震惊女儿小小年纪，便能想出方法照顾没有座位的乘客，并且有强大的能量让全车厢的人效仿。

当所有人都对她竖起大拇指交口称赞的时候，我也偷偷地亲了她一口："爸爸以你为荣！"

"爸爸，我也以你为荣！"

女儿会心一笑。

夹菜是一堂情商课

我们家族有一个传统，我和兄弟姐妹每年都会带着孩子陪父母一起吃顿饭，这也是一家人难得团聚的日子。

在饭局上，长辈总会不住地招呼晚辈多吃一些，也常常会给晚辈不停地夹着他们认为好吃的菜。可能是习惯问题，我总是喜欢给父母夹菜，这些都被细心的晴儿看在了眼里。

晴儿有些不解，她问我："爸爸，我看都是爷爷奶奶给别人夹菜，大人给孩子夹菜，为什么你却一直给爷爷奶奶夹菜呢？"

在她的概念里，我和她妈或者别的长辈给她这样的孩子夹菜才是正常的，有种家长分配食物的感觉。

我揉了揉她的脑袋说："爸爸是爷爷奶奶生的，是爷爷奶奶养大的，爸爸小时候爷爷奶奶也像我们现在给你夹菜一样给我夹菜。但是，现在爷爷奶奶老了，爸爸也足够大了，是不是应该轮到爸爸给他们夹菜了？爸爸现在扛起了全家的担子，所以这也是爸爸现在应该做的。说大点儿，这叫感恩、孝顺，其实也就是爸爸感谢父母的一种方式，你明白了吗？爷爷奶奶不见得少爸爸这一筷子菜，可是爸爸给他们夹菜，他们心里一定很开心、很温暖对不对？"

她"哦"了一声，若有所思地点点头，随后又埋头吃起饭来。

让我没有想到的是，这么一件小事却被晴儿牢牢地记在了心里。

接下来的日子，每次开饭的时候，她都会把我和她妈最喜欢的菜推到我们面前，并且学着我给爷爷奶奶夹菜的样子有模有样地把菜塞到我们的碗里去。

"爸爸，你最爱吃的红烧肉！"

她小心地把肥肉去掉，将瘦精肉夹到我碗里。

第一次接受女儿感恩的"馈赠"，我受宠若惊，心里温暖如春。

晴儿不是个害羞的孩子，可让她突然对父母说我爱你或者说我对你们十分感恩什么的，不仅有些说不出口，也似乎显得有些形式化。可是，自从学会了给父母夹菜以后，她便把这种对父母的爱倾注在里面，将这种感恩之情撒播到生活中的小事里，让爱无时无刻不在滋养着我们、环绕着我们。这怎能不说是一种好的形式？

尊老爱幼不是一句口号，不是嘴上说说就好，需要付诸行动。大人言传身教就是最好的榜样。有人说，这难道不是形式主义吗？我想说，如果连形式都没有，你的尊敬、你的爱又能有几分真诚呢？

孩子"插嘴" 错在谁

许多家长可能因为工作问题没办法在家照看孩子，只得把孩子带在身边。

晴儿也面临同样的问题。我和她妈妈平时都上班，没有人在家陪她。所以，有时候出去工作，我只好带着她。

有一回，我和一个朋友聊得正投机，旁边的晴儿却突然插进来一句："爸爸，我口渴了！"

我只得对朋友报以歉意的微笑，去给晴儿倒了杯水。

可谁知过了一会儿，她又插话："爸爸，我要上厕所！"

每当我们谈得正欢时，她都要来掺和一下。

朋友也有几分尴尬。接连被打断几次谈话，想必谁心里都不会很开心。我心里暗暗想，宝贝千万不能给别人留下一个没教养的印象呀！

于是，我问她："宝宝，你怎么了？"

"爸爸，我很无聊！"

晴儿嘟着小嘴，很直白地回答我。

我也着实不好意思。确实，我们谈大人的事情，把她一个人撂在一边，没有人陪她玩，她当然会觉得无聊了。这时，我明白了，她时不时插嘴，只不过为了引起我注意，让我不要忽视她。

"那怎么样才不无聊呢？带你去玩一会儿？"

眼看和朋友谈不下去了，我就干脆先解决孩子的问题。

"好耶，好呀，哦耶！"

她一下子兴奋起来。

于是，我和朋友打了个招呼，让他先等一会儿。随后，我带着晴儿出去兜了一圈，给她买了不少好吃的。

半小时后，我对她说："宝宝，玩得开心吧？"

"嗯，开心！"

"那么，你在旁边吃会儿东西，自己玩会儿，爸爸要和这位叔叔谈事情。如果你觉得无聊了，再来跟爸爸说，爸爸再和你玩会儿。"

"好啊！"

她晃动着小脑袋，乖乖吃零食去了。

"桂根啊,我发现你真是与众不同,你家孩子这么顽皮,你居然能忍着不发火,还有耐心陪她玩!"

朋友在一旁目睹全过程,啧啧称奇。

"我只是换位思考了一下。如果我被父亲带出来了,父亲一直忙自己的事情不理我,那我自然会非常无聊。本身我就因为不能好好陪孩子而对她有很大的歉意,怎么舍得再骂她呢?"

我本以为晴儿一会儿无聊了还会来找我,可她很听话,乖巧地在一旁玩起来了。直到我和朋友谈完工作,她都没有再来打搅我们,因为她也理解自己的父亲。

有些家长碰见孩子插嘴,就会觉得孩子不懂事或者自己丢了面子,立马火冒三丈,轻则言语呵斥,重则巴掌伺候。这可不是开玩笑,我曾经与另一位朋友商谈时,他的儿子就因为和晴儿一样乱插嘴,被狠狠地骂了一顿。

孩子并非不能理解父母,可孩子的好动天性很难抑制。这个时候,最需要的就是父母与孩子相互理解。只有这样,才能真正从根源上解决问题。

车流中的盲人，谁是你的眼

在平江实验学校门口，一度有个盲人乞丐在那里行乞。因为眼睛看不见，他过马路十分危险，也十分痛苦。他时常拿着马杆被夹在两排呼啸而过的车流中间，进退不得。

有一次，当我开车经过那个路口时，发现老爷爷又在过马路。旁边的车辆却无视他的困境，依旧往前冲，似乎每个人都有非常要紧的事情一般。

我一气之下把车横在路中间，将后面所有的车都逼停了。

"你神经病啊！干吗把车横在路中间？"

后面的车子里探出一个光头，毫不客气地对着我破口大骂。

但是，有人却给我打抱不平了。

他后面的一辆豪车里也探出一个头，对光头道："你才神经病，你没看见人家小女孩在扶老人过马路吗？"

光头自知理亏，骂骂咧咧两句就把头缩了回去。

提出要扶老人过马路的是晴儿。从车上下来之后，她小心翼翼地把老人送到了马路对面。我把这一切看在眼里，心中十分感慨：现在的社会，有多少人还能保持一颗充满爱的心！

回来的时候，晴儿欢天喜地告诉我："爸爸，对面凯莱大酒店的保安叔叔说，没想到开宝马车的人还会做这种事！"

我问她："你扶老爷爷过马路的时候有什么感受？"

"爸爸，人的眼睛看不见的时候其实非常无助、非常孤单，心里肯定很恐慌。"

她有些感慨。

"人在无助的时候，如果有人伸手帮一下，对被帮助的人来说就像是冬天里的火把一样。在施以援手的人看来，这只是举手之劳，不足挂齿，却会让对方温暖许久。这么多人都不给老人让路，我觉得真过分。老爸，你很了不起！"

"万一有人碰瓷怎么办？"

我给她出了一个小难题。

她不假思索道："我先拍好照片啊！我不能傻乎乎地让他碰瓷啊！"

我一边称赞她机灵一边把车掉头，然后向后面的车辆打招呼。我的确有些违规，毕竟没有人赋予我阻拦他人开车的权利，所以真诚地向后面的司机们道歉，也对他们的理解表示感谢！

对于助人为乐，我一向给予女儿支持。最有爱心的人，也许现在只剩下孩子了。难道我们也要把他们的爱扼杀在摇篮里，成为一个所谓的明白事理的"社会人"吗？

当我们对周围的一切感到漠然时，又如何要求别人对你温柔以待呢？

一把遮不住雨的伞

　　一张照片曾经在网上火爆过，一个父亲在雨天接孩子放学，父亲把伞都撑在了孩子那边，自己完全被淋湿了。

　　晴儿不知道在哪儿看到了这张照片，哭着跑来告诉我："爸爸，我原来也觉得你傻，自己不撑伞，都给了我。可是，看到这张照片以后，我觉得你和他一样伟大！"

　　她的"顿悟"让我感到诧异，也十分欣慰。

　　有时候，我和她出去散步，或者陪她上课培训，要是下起雨来，我就会给她撑伞。这是因为我的电瓶车上平时只放一把伞。

　　每次，我都是把伞往她那边偏，全然不顾自己身上会不会被雨水打湿。在我心里，晴儿的健康才是最重要的。

　　"爸爸，你把伞都给我撑了，你不冷吗？"

　　晴儿不解地问我。

　　"我是大人，抵抗力强啊！你是小朋友，淋湿了容易生病！所以，你更需要照顾啊！"

　　我理所当然地回答。

　　"可是，爸爸，你把伞移过来的时候，我心里其实很难过！"

　　"为什么呢？"

　　"爸爸为什么不带两把伞，这样我们就能一人撑一把啦？"

　　"宝宝，你有没有想过几个问题：第一，这路上没有可以买伞的地方。第二，爸爸的伞是一把备用伞，今天和你在一起，刚好下雨才用上。当然，还有一个办法，爸爸可以背你，这样我们就都能撑到伞了。"

　　我觉得主意挺不错，可被晴儿拒绝了，她不忍心让我背，觉得自己太重了。

　　我顿时心里暖暖的。

　　"爸爸为你遮风挡雨是应该的，因为宝宝你还小，我要护着你好好成长。但是，如果有一天，你和同学合撑一把伞的时候，是不是也能像爸爸对你这样照顾对方呢？或者，等你长大了，在路上碰见了弱势群体，是不是也可以多照顾一下他们呢？"

　　我又给她找了一张网红图片，事情发生在苏州木渎。在暴雨中，一个瘦弱女孩为行乞的残疾大爷撑伞，自己半边身子却淋湿了。网络上把这个女孩子称为"最美苏州女孩"。

　　她震惊得睁大眼睛盯着这张图，许久才喃喃地对我说："爸爸，她真的无愧于这个称号！"

　　小小一把伞能折射出多少的爱、多少令人感动的光辉啊！我期待她可以做一个传承者，把感悟到的这些爱的力量传播出去，让更多的人感受到爱的存在。

忆苦思甜，惜福当下

这难道是我和晴儿又在大街上遇到那位辛劳的父亲所发生的故事吗？当然不是，哪有那么多凑巧的事情被我们遇上呢？

其实，这个父亲，我说的不是别人，正是我自己。当然，那时的我还不是一位父亲。

小的时候，家里有三个孩子，我排行老三。因为家庭条件不好，孩子又多，小学三年级的我就承担起卖冰棒的任务，赚钱为自己和哥哥姐姐交学杂费。

谁知这一卖，就是整整六年。

由于年纪小，每当走村串乡的时候，我常常被当地地痞流氓欺负。为冰棒的销量，也为能在各个村子站住脚，我想了一个办法。实在没钱的小朋友想吃冰棒，如果恰好当天销量不好，余货较多的时候，我也会免费给他们吃。当他们尝过一次以后，再想吃就会花钱来买了。这样做开始有些亏本，可是越到后来，卖得越好。

在农忙的时候，我们也要去地里帮父母干活。那时候流行搓草绳赚钱，一米草绳可以卖两分钱。于是，我们又没日没夜地搓绳子。这一切只是为了能让自己和哥哥姐姐有继续读书的机会。

每当我和晴儿分享小时候卖冰棒、搓草绳的故事时，她都咂嘴感叹："真的啊？"

晴儿这一代是幸福的，没有体验过上世纪七十年代农村孩子读书的辛苦。

有一回，我们三姐弟正在家里看书做作业，实在太投入了，连外面下雨的声音都没听见。于是，全家晒在院子里的衣服被淋湿了。父母回来，对我们就是一顿打。

晴儿很费解地问我："不就是衣服淋湿了吗？为什么爷爷奶奶要打骂你们呢？"

"因为我们全家只有那么几件换洗衣服，淋湿了没有衣服换呀！"

那时候，新衣服是很稀奇的东西。往往是老大穿下来老二穿，老二穿下来老三穿。我是最小的那个，新衣服对那时候的我来说就是一个奢望。我的女儿自然无法理解爷爷奶奶当时的愤怒。

她也无法想象当年的我多么渴望读书，渴望知识。数九隆冬，我睡不解衣，打着手电，蜷缩在一条薄薄的被子里，为的只是多看一会儿书。

当年的我也不像现在的晴儿一般，每天想吃什么就吃什么，不仅要吃得饱，还要吃得好，遇到不喜欢吃的就干脆不吃了，回房间吃零食。那时，我只能和哥哥共享一盒白米饭。对当时的我们来说，吃饱已经是非常奢侈的事情了。在饭实在难以下咽的时候，我们会买一毛两分钱的咸菜粉皮，再要一碗免费的冬瓜汤……

就这样，日复一日，年复一年。

我们如此废寝忘食地读书，为的就是希望用这样的方式让自己的命运有所改变，让我们的后代不再受这个苦。

"所以，爸爸那时候如此辛苦、如此努力，为的就是让你现在衣食无忧，能受良好的教育，不用担心下学期的费用在哪里。"

忆苦思甜的目的，只是为了让孩子知道现在的幸福生活来之不易，这都是父母和祖父祖母辛苦打拼得来的结果。

他们也许也不知道，不努力、不作为才是对父母最大的伤害。

晴儿是在听我这些"老掉牙"的故事中长大的，但她并没有表现出不耐烦，让我感到十分欣慰。虽然无法亲身体会爸爸当年的艰辛生活，但她总能被我的情绪感染，仿佛置身于那个艰苦年代。

忆苦思甜是一种传承，更重要的是，在传承故事的同时，也在传承不畏艰难、努力奋斗的精神。

我想，等她当了妈妈，也许会对她的孩子说：曾经，有这样一位父亲……

一堂德育课：不剩饭的方法，校长吃

山东曲阜孔府学院的夏令营如火如荼地进行着。各种传统文化课程让晴儿目不暇接，乐在其中。用晴儿的话来说，那真是大开眼界，什么样的人这里都有。

我接到她的电话："爸爸，你知道什么叫幸福吗？"

我有点蒙，不知她何出此言。

"爸爸，你记得叮嘱我带点饼干的事情吗？"

"怎么了？"

我越发奇怪。

"这点饼干现在就是我的幸福！"

"为什么？"

"这地方的饭简直不是人吃的。我又不喜欢吃馒头，又不喜欢吃窝头，白米饭还和我们的不一样，白菜酸不拉几的……"

女儿一连串苦水吐完，我才意识到山东这地方离苏州确实有点距离，饮食风味一定相差很大。对土生土长的苏州姑娘来说，初次去那儿一定非常不习惯。

"我数了，总共带了二十包饼干，我在想每天怎么分配。"

我忍不住笑出声来，晴儿才去一天就度日如年了。

这所学校的作息时间排得很满，早上起得很早，晚上睡得很晚，确实辛苦。没过两天，女儿又打电话来，说受不了了，想提前回家。虽然有些心疼晴儿，咬咬牙，我还是拒绝了她。

到了第四天，由于高强度的活动和不合口味的伙食，晴儿身体就有些吃不消了。这不，中午正准备多吃一点的她，打了不少饭菜，吃了两口便吃不下了。她对着饭愁眉苦脸，却没发现有一位老先生一直站在身后注视着她。

食堂的人一个接一个离开，她也准备收拾碗筷走了。这时，那位老先生走上前来问她：

"小朋友，你是这儿的学员吗？"

"对呀！"

"那你的饭菜是坏了还是怎么了？为什么不吃了？"

"饭菜挺好的……就是我的身体有些不太好，实在吃不下去了。"

老先生无奈地摇了摇头。

　　"孩子，谁知盘中餐，粒粒皆辛苦啊！自己盛的饭怎能浪费呢？我们这边是有规定的，自己盛的饭都得吃完呀！"

　　晴儿四下看了一圈，确实每位学员都把饭吃得干干净净，没有一个人浪费。

　　"可是，我真的吃不下了嘛！"晴儿又开始了她的撒娇大法，妄想以此来打动眼前这位"神秘人"。

　　老先生叹了口气说："那好吧，学校规定不许剩饭，既然你不吃，我帮你吃了吧。"

　　老先生说完坐下来，把晴儿的盘子挪到自己面前，拿了一双筷子，当着她和食堂里一百多师生的面，一口一口地吃起晴儿的剩饭来。

　　晴儿傻了。她以为这位老爷爷只是和她开玩笑，谁料他真的在众目睽睽之下把她剩的饭菜吃了个精光。此时，所有学生停了下来，呆若木鸡地看着他。

　　从老先生吃第一口起，晴儿的眼泪就唰唰唰地流了下来。最开始小声抽泣，渐渐地，她忍不住号啕大哭起来。

　　除了晴儿的哭声，整个食堂静悄悄的，所有人都在看着这一幕。一位老先生正一口一口地吃着面前的饭菜，而站在他一旁的是一位不停哭泣的女学生。大家更没想到，这位老先生竟然是这个学校的校长！谁能想到，这么一位德高望重的校长，竟然当着众多师生的面，将晴儿剩下的饭菜都吃完了，吃得干干净净！

　　从那之后，直到夏令营结束，再也没有学员留下剩饭。

　　"爸爸，以后再也不能把饭剩下了。"

　　"我自己盛的饭，一定要把它吃完，这是一种责任！"

　　女儿回来后静静地叙述这个"剩饭事件"，说得十分平淡。我知道，她一辈子都不会忘了这件事。

　　从校长身上，她学到的不仅是应该节约粮食，更是一种责任。

四、死磕系

死磕是精神，也是态度

死磕是一种坚韧的品质，坚持原则、以目标为导向、倾尽全力、使命必达，代表着不妥协、不放弃的战斗精神。

十八分钟见证一个奇迹的诞生

因为工作需要四处采访，所以我也算是一个有些驾龄的老司机了。平时为赶时间，我没少干过超车、超速的事。不过大体来说，我是很遵守交通规则的，闯红灯是从来没有过的，偶尔还要把车停在路边干一些学雷锋的事，比如扶老爷爷、老奶奶过马路什么的。

谁知道这辈子开车最疯狂的一回，不是为了赶独家新闻或第一手资讯，却是为女儿去参加比赛。

那一次，晴儿参加一个英语比赛，初赛是在相城区相城大道的苏州国际外语学校。她成功晋级复赛。那天，我送她到相城区的国际外语学校后，就掉头上班去了。没想到，我大概开了十分钟就接到一个电话。

电话显示是个陌生号码。本着开车不接电话的原则，我打算不去理会，却神使鬼差地接了起来。

顿时，一阵焦急的声音从电话那头传了过来。

"爸爸，你赶紧回来！"

"怎么了，宝宝？"

听到她的语气，我心一惊。

"考试地址错了，不是这个学校，是在新区的苏州外国语学校！"

原来，晴儿压根没有注意复赛的学校换了，以为还在原来的地方。

"你还有多少时间？"我一边问一边急忙掉转车头。

"三十五分钟！"

"三十五分钟要赶到新区竹园路？"

我吸了口凉气，按正常行驶速度，算上各种拥堵和突发情况，最起码需要五十分钟以上的时间。

"爸爸，你先来嘛，奇迹是可以创造的！"

当我赶回国际外语学校的时候，还有好几个同样去错地方的孩子，在那里急得团团转，求我一起把他们带上。

我说："好吧，从现在起，你们坐好，系好安全带！晴儿，你不要跟我说话！"

我严肃地吩咐完几个孩子，立即给交警中队的王队长打了一个电话，告知情况。我需要用二十分钟时间从相城区的苏州国际外语学校，赶到新区的竹园路和玉山路交界处的苏州外国语学校。这其中还要预留十分钟进场时间。

　　"好吧！我尽量试试！"王队长觉得有些困难，不过知道事情突然，便答应了我。

　　他通过110指挥中心，把我这辆车定好位，然后将路线图发给我，并随时调整。我沿着他给的路线，一路猛踩油门，只恨这车没多两个轮子，只恨这路限速不能再高一些。

　　我一路狂飙，沿途真的很空。赶到考场，居然只用了十八分钟。

　　"圆满完成任务！不好意思啊，今天开车有点快！"

　　我松了口气，向车上惊魂未定的几个小乘客致歉。

　　"哇，叔叔，你太厉害了！谢谢你！"

　　他们欢呼雀跃地向我道谢，然后快速冲进考场。

　　十八分钟创造的奇迹，都是通过规划地图实现的。经过此事，我又教给女儿一招，可以通过合理规划路线来达到最佳出行目的。现在卫星导航已经很普遍了，功能也越来越完善，这为创造更多奇迹提供了很大便利。

　　不过，在这之后，我也再没有开过这么快的车。既要保证安全，又要保证速度，这对人的反应能力要求很高，必须百分之百集中精神，不能开一点小差，稍有差池，后果不堪设想。现在回想起来，我还有几分胆战心惊，那可是一车孩子的命啊！

　　无论做什么事情，做好规划打算，往往能达到事半功倍的效果。

"从天而降"的准考证

小学毕业的时候，女儿班级有几个同学都去苏州中学报了"伟常班"的考试。进了伟常班，就意味着一只脚已经踏进了名校。

作为班里的尖子生，晴儿也要求我去给她报名。报名需要递交小学期间所有成绩单和奖状，还有一份履历。我当时给她准备好了材料，就放在随身的包里。但是，就在关键时刻，我接到领导指示：紧急出差，目的地云南。

一接到任务，我就像打了鸡血一样亢奋，回家收拾东西赶飞机去云南了，把女儿的材料忘在包里了。

女儿临考前两天，我还在云南，突然接到孩子的电话。

"爸爸，你在哪里？别的人都接到考试单子了。我连单子都没有，怎么去考试啊？"

我的脑袋"嗡"的一声，顿时慌了，这才想起压根没给她报名。

"宝宝，爸爸向你道歉！爸爸错了！爸爸忘记给你报名了！"

自知理亏的我不停地向女儿道歉。

"我不要你道歉！我要我的准考单！"

女儿气呼呼的声音在喇叭里想起。

"那万一没有呢？"

"我恨你！"

电话啪地被挂断了，只留下一脸错愕的我，还有手机"嘟嘟嘟"的忙音。

我看了一眼时间，当时是早上8点多，最快的回程航班是在下午，不得不重新买票。为给女儿报名，我必须努力去创造奇迹！

航班晚点两小时，我当晚赶到苏州的时候已经晚上8点多了。我带着一身疲惫回到家里，立马把她的报名资料找了出来。

"爸爸，明天能拿到单子吗？"

晴儿焦急得一连问了我好几次。

"放心，有爸爸在！我来搞定！"

第二天一大早，我就赶到苏州中学报名处，碰见值班的吴老师，我向他咨询报名的事。

"开什么玩笑，明天考试，你今天才来报名？这孩子很优秀啊，你早两天干吗去了？你以为我们苏州中学伟常班想来就来啊？"

我被吴老师劈头盖脸一顿责备。

自己捅的娄子，得自己负责。我默默挨完骂，还得继续低声下气求人家网开一面，让我再报一个名。

吴老师看我态度诚恳，又看女儿成绩这么好，最终进行了通融。

我长出了一口气，心情愉悦。回到家，我瘫在沙发上，故意装出不开心的样子，打算逗一下女儿。

"单子呢？"

女儿给我递水，眨巴着两只大眼睛满怀希望地问我。

"没有！"

"啊，怎么会？你跟我开什么玩笑呢？"

她一愣，有点不敢相信。

"时间过了呀，怎么报得上？"

我装作很懊恼的样子。

"哼，我就知道你搞不定！还给我打包票，给我希望那么大。装什么英雄，搞不定就早说……"

晴儿嘟着嘴巴，脸色巨变，开始指责我。

"宝宝，如果我是你的话，我就会这么想，爸爸已经辛苦一天了，已经尽力了！你要理解爸爸，对不对！"

我心平气和地教育她，没想到孩子情急之下说出她和班级同学打赌的事。原来，她早已在班级夸下海口，一定能拿到考试通知单。

原来是为了面子啊！

她好面子，这下子脸丢大了。

到了晚上8点，夫人彩林回家，晴儿又跟她告了我一状。

"妈妈，以后我要上不了名校，可不能怪我。有些人啊，不知道办的什么事儿……"

面对女儿的冷嘲热讽，我又好气又好笑。我偷偷把装着考试通知单的信封放到了她的书桌上。

"有没有这个可能，考试通知单会从天上飞过来，或者变出来呢？"

我在一边假装自言自语。

晴儿摸摸我的额头，奇怪道："爸爸，你没发烧啊？怎么尽说些胡话呢？"

她以为我急糊涂了。

我忍住笑，叮嘱她："八点半了，早点睡！明天该带的东西记得带，做好准备！"

她没好气地回答我："带什么带啊？明天我又不去考试，有什么好带的？"

她一脸沮丧地回自己房间了。一会儿，她又惊天动地哭着冲出来，手里举着那张考试通知单，哭得上起不接下气。

"爸爸，你为什么要捉弄我啊！你为什么不早说呢……爸爸，我错了……我不该把你说得一文不值……"

我故作轻松道："没事没事，爸爸扛得住，爸爸什么风雨没经过！你早点睡吧，明天好好发挥！"

望着她瘦小的背影和因为抽泣耸动的肩膀，我的眼角莫名地湿润了。

如我预料一般，女儿这次没有考好，离录取分数线差了一分。

"宝宝，你这次差一分，就说明没有资格进伟常班。但是，原因不在你，在我！"

"为什么？考试是我去考的。"

"因为爸爸没有按时给你报名，导致你情绪波动太大，发挥失常。我要向你道歉！"

我很诚恳地向女儿鞠了一躬。

晴儿被我吓了一跳，连忙摆手。

"别这样，爸爸，这和你没关系！这是我自己的问题。你给我争取这个考试机会，我已经很感激了！考不上就考不上呗，此处不留人，自有留人处！"

女儿很洒脱地挥挥手，显得豪气万千。

在求学路上，这次考试失败对女儿是个不小的打击。我原以为她要难受一阵，没想到她心态比我想的要好，这才放下心来。

军令状：君无戏言

生活充满无数的意外与惊喜，一个个偶然成就了人生路上的必然。人生在按部就班的同时，充满了无数未知的精彩。

晴儿的人生轨迹，也将因为一次闲聊而彻底改变，她的未来从此也将变得有无限可能。

"爸爸，听说你又高升了？"

那天吃饭的时候，女儿突然问我。

"听说你做副主编了！妈妈告诉我的！爸爸，你现在职位上去了，做领导要有做领导的样子！"

女儿半开玩笑半认真地叮嘱我。

"嗯！"

低头扒饭的我配合地点点头。

"做领导还应该要有做领导的修养！"

"对对对！"

"做领导还应该要有做领导的水平！"

"是是是！"

我诚心诚意地接受女儿的"教导"。

"爸爸，不如我们打个赌呗！"

她眉开眼笑地看着我，让我有一种黄鼠狼看见了一窝鸡的感觉。

"赌你考不考得上研究生！"

晴儿把她的"套"扔了出来，带着调侃的意味。此时离研究生考试大概还有三个月，在她心里，认定我是考不上的。

"那可以啊，不如我给你立个军令状，如果我考上怎么办？"我反问道。

"如果爸爸考上，那么我以清华、北大、港大作为备选！"

晴儿豪气万丈地脱口而出。

"好！来，笔墨伺候！"

为女儿的"清北港大"，我豁出去了！

在我签字的时候，女儿偷偷地笑："爸爸，来真的啊？"

"那当然！"

"万一你过不了呢？"

她又开始打起小算盘了。

"过不了，那是不是我就不用去考虑上北大、清华了？我想怎么玩都可以了？"

"万一我过了呢？"

我对自己还是很有自信的。

"过了嘛，那我也兑现承诺啊！"

晴儿轻描淡写地说道。

于是，这些条款就被白纸黑字地记录下来，大家各自签名画押，君子协定生效。

既然立下了军令状，那自然要用尽全力去完成。第二天一早，我便去买了两套复习资料，一套放在单位，一套放在家里。只要一有空闲时间，我便会废寝忘食地看书。

我觉得衡量自己努力程度最直观的方式就是体重——三个月足足瘦了三十几斤。后来，由于在单位看与工作无关的书被领导批评了，我仅剩下在家里的些许时间可以用来看书学习。我每天挑灯夜战，肚子饿的时候就抓起两块饼干吃。有几次，因为看书太投入了，我差点把干燥剂塞进嘴巴里。

那一阵，我每天睡觉时间不超过两小时。

我困得伏在桌子上打盹，女儿半夜醒来给我盖衣服。

"爸爸，对不起，我是跟你开玩笑的，没想到你还当真了。"

她愧疚地向我道歉。

"爸爸说到做到，不管怎样，我要努力拼一把！"

我笑着安慰她。我是在用行动告诉她，承诺这两个字到底意味着什么。

功夫不负有心人，几个月后成绩揭晓，我竟然以超过录取线50分左右的绝对优势通过。

我把录取通知书放在女儿桌上，一句话未说。

"放心，清华、北大、港大备选，我一定说到做到！"

女儿看到那张沉甸甸的纸，说了这句沉甸甸的话。她已经从我身上切身体会到了"君无戏言"的真谛。

没想到，最后她却毁约了。

晴儿最终没有选择去清华、北大或港大，她选择了剑桥大学。

那张"军令状"，我还保存着，感谢它令我们父女的感情"更上一层楼"。

跨出国门，我代表中国

因为弹的一手好琵琶，晴儿代表苏州市参加了某年的少儿春晚，没想到团队还得了一个金奖回来。作为奖励，老师组织孩子们去"新马泰"旅游。

回国的时候，与队友同行的晴儿在"新马泰"机场发现一个中国小朋友。也许是感冒了，那个孩子一边走一边扔擦完鼻涕的纸巾，干干净净的大厅被扔得满地纸巾。孩子的父母对这种情况视而不见，好像理所当然一般！

作为"平江小卫士"，晴儿如何能忍受这样的行为？特别是还在机场，特别是这个扔垃圾的人还是中国人，简直丢中国人的脸面！

"哎呀，爸爸，这简直太丢人了！你想想看，那可是国际机场啊！他们脸皮厚，我还替他们觉得难为情呢！"

晴儿回国后跟我描述事件经过时，还气愤得涨红了小脸。正是因为这种民族荣誉感，让她做出了为国争光的举动。

她想告诉这个孩子不要扔垃圾，但历经风雨的"平江小卫士"并没有直接去劝说，因为知道这种方法最笨，也是最没有效果的。她先把行李让队友代为看管，随后跑去向保洁阿姨借扫帚和簸箕，将那个孩子丢的垃圾都扫干净。随后，她跟着那个小朋友。小朋友一路丢，晴儿便一路扫，直到孩子的父母发现了她。

这时候，晴儿知道时机来了，便放下扫帚，递给小孩子一个口袋。

"小朋友，无论在哪里，你都不该乱扔垃圾哦。现在是在机场，你的形象不仅代表自己，更代表我们中国的形象。你鼻涕擦了这么多，纸巾扔了这么多，我已经替你扫了一地了，希望你之后把纸巾扔在这个袋子里，然后放在垃圾桶里。"

……

孩子和他的父母的脸腾地红了，都震惊地看着晴儿，不知所措。

最后，他们认识到了自己的不妥之处，接受了晴儿的提议，向她真诚道了歉。此事被诸多外国人士目睹和围观，还被一家外国媒体拍了下来。两个中国孩子的鲜明对比，确实是一个不错的新闻标题。

孩子的带队老师回来后激动地告诉我："你女儿真不得了，有格局和胸怀，你看团里别的孩子没有一个想到这么做……真是为国争光啦，连我也感到自豪！"

我对晴儿表示十分认可与赞扬。她觉得这是分内的事情，没什么值得夸耀的。这么一看，反而是我的格局太小。

　　人们往往对于不文明的举动习以为常，而一些文明现象却被大肆报道，仿佛什么不得了的事情，这也许是一种悲哀。

　　我一点也不讶异于晴儿的举动，因为她的爱心是从小就培养起来的。我一直知道，她是一个有爱心、有责任感、有民族意识的好孩子。

开车打电话，你凭什么违规

"我跟你说了多少遍，开车不能打手机！你凭什么打手机！"

这一刻，我和晴儿像是互换了身份，她成了家长。

我连忙认错："哦哦，我没注意，没注意！"

"你压根就是不想改，不是没注意！"

她双手叉腰，一副恨铁不成钢的模样。

"你知道开车打手机有多危险吗？我跟你说过多少遍！"

"我我我，那我要接电话怎么办？那我按个免提！"

"按免提？手也在方向盘上呀，你不能戴个蓝牙耳机吗？"

女儿对"老油条"的借口非常厌烦。

为改掉我开车打电话的坏习惯，晴儿同学操碎了心。有时候，她不惜从动口到动手。

此事发生在某次送她去学校的路上。我想接一个重要电话，她直接将我准备摸手机的手给拍下去，还警告我："不要对我凶哦！你看看现在多堵，车流多大！你不能分心，好好开车！下车了再回电话！"

她俨然在教育一个不听话的小朋友。

我原本按捺的怒火又想发作了。

她又开始威胁我："如果你这个坏习惯改不了的话，凭什么让我改我的坏习惯？是不是我也可以不用改了！我也可以刷微博，我也可以经常上网聊天，你也不要管我了！你自己都不能以身作则，凭什么要求我优秀呢？"

我的心里"咯噔"一下。对呀，如果我都不严格要求自己，怎么要求孩子严于律己呢？我常常告诫自己，父母是孩子最好的榜样，怎么自己做不到呢？

况且，开车打电话确实非常危险。在苏州，在高架路上到处可以见到这样的提醒："为了您的安全，请改掉开车打电话的陋习！"

想到这里，我刚刚燃起的怒意，刹那间偃旗息鼓。

经过女儿不懈努力，我开车打手机的坏习惯终于戒掉了99.9%！

感谢晴儿一直以来对我的监督，不仅让我改掉了坏习惯，还警醒了我：身为一名长辈，作为一个榜样，做不到严于律己，对自己的生活不能全力以赴，那还凭什么要求孩子努力上进呢？

五、妙计系

带你走过最长的路，是我爱你的套路

　　略施小计，就能事半功倍；略施小计，就能迎刃而解；略施小计，就能痛改前"非"；略施小计，就能柳暗花明；略施小计，就能风平浪静；略施小计，就能刻骨铭心；略施小计，就能立竿见影。

　　何乐而不为？怕只怕，你不够用心，才会无计可施。

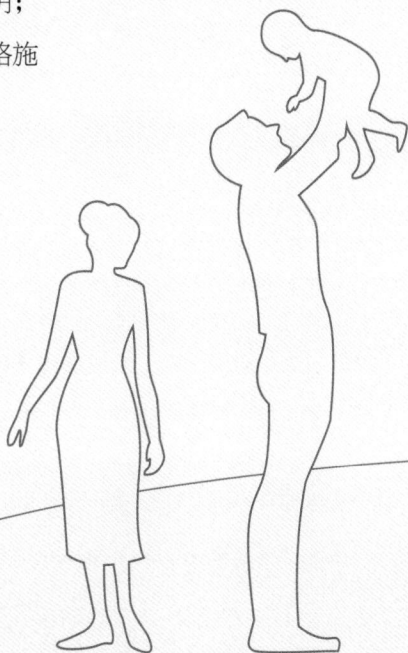

换位计

将心比心，你"换位"思考了吗

"爸爸，我跟你说件事儿，我们班级的同学准备联名去罢免一位老师！"晴儿说。

我一听觉得有些奇怪，为什么要去联名罢免老师呢？

一聊才知道，原来这个老师是新来的，上课不仅平淡无奇，还不能很好地传授学生知识，所以大家都不喜欢他。

"如果你们这么做了，成功的概率有多少？"

"全班联名的话，他百分之百要走人！"

晴儿很肯定地说。

我听了心里挺难受，想起自己刚做记者时，不被理解和认可，常常受到排挤，一个月领二十八元钱工资。人无完人，没有谁天生就在某方面做得很好。对一位新老师来说，教学经验不足也是人之常情，若因为孩子们一闹让他丢了工作，那可真够冤枉的。

"你们联名的单子先给我，我来帮你们协调一下，去问问是什么情况。"

我从心里不希望这种事发生，琢磨是否能挽回局面。

尽管对我的动机感到疑惑，晴儿还是把单子给了我。

想要这件事情有转机，首先得要改变孩子的态度。

第二天，我就交代彩林："今晚只做四个菜，就做一个晴儿喜欢的菜。"

晴儿喜欢吃鳝条炒大蒜，那天晚上就只有这么一个她喜欢吃的菜，而且量非常少。夫人把晴儿不喜欢的菜都放在她前面，把晴儿喜欢吃的放在我这里。

"今天，妈妈为什么要做这么多我不喜欢的菜呢？"

晴儿小声嘀咕着，我却清楚听到了。鳝条炒大蒜在我面前，我都让她吃了。

第三天，我又吩咐夫人只做四个菜，这些菜里没有一个晴儿喜欢吃的。

结果，盛好了饭，晴儿就杵在那里，筷子动也不动一下。

"爸爸，今天没有我喜欢吃的菜，这是什么意思呀！"

她似乎觉察到了反常，可又想不出为什么。

"我不知道啊，这都是你妈做的！那你晚饭还吃不吃啊？"

我把事情推得一干二净，装出一副什么都不知道的样子。

"我不想吃，吃不下，没有我喜欢的菜！"

晴儿嘟着嘴巴，一脸不高兴。

"那好吧，爸爸也不吃了，今天也没有爸爸喜欢的菜。但是，今天会有一个人伤心哦！你妈做了一桌子菜，我们都不吃，妈妈肯定很伤心。能不能这样，我们假装这个菜很好吃，试试看？实在不好吃，我去买包榨菜！"我提议道。

"可以！可以！"

女儿表示赞成，就去尝她原本不喜欢的菜，比如土豆炒肉丝、油豆腐塞肉。其实这些菜味道都不错，就是晴儿平时不乐意尝新的菜，所以总以为这些菜不好吃。

"妈妈的厨艺长进了嘛，这个味道还可以。"

尝试了一下，晴儿觉得她不喜欢吃的菜，吃起来也蛮不错。

第四天，晚饭只有两个菜——玉米、酸菜鱼。

"爸爸，我们家经济方面是不是出问题了？为什么这两天的菜都这么奇怪？昨天也就算了，今天怎么还是这种菜，我吃还是不吃？"

晴儿激动地向我抗议。

"哎哟，这样的话，你今天不用吃了，我吃！我去给你买袋榨菜，饭还是要吃的。"

听我这么一说，她只好放弃吃榨菜的想法，把酸菜鱼放在水里涮涮，去掉辣味，然后艰难地吃起来。

又过了一天，她一大早就开始嘱咐妈妈，要吃这个菜那个菜，说这两天实在受够了。

"抗议无效！是我在做饭、做菜，我要考虑饮食的均衡性！要是你想吃什么就做什么，那还了得！"

不愧是夫人，为实现我的计划，与我配合得天衣无缝。

晴儿一下子趴在桌子上，愁眉苦脸。

"宝宝，你不喜欢吃哪个菜，哪个菜往往有你缺的营养。我们需要营养均衡，你说你该不该吃？你喜欢吃的拼命吃，不喜欢吃的一点都不吃，那样就会营养失衡。你看很多人有啤酒肚、脂肪肝，得各种疾病，可能是因为这个原因。"

我不失时机地教育起她来。

"我们生活在世界上，总会遇到一些不想做又不得不做的事情，因为只有这样才能更好地去做我们想做的事情。"

晴儿晃着小脑袋，思考着什么，很快反应过来。

"老爸，你到底打的什么算盘？"

破釜计

机会留给懂得珍惜的人

晴儿猜不透我在做什么，但也逐步认可了我的观点，第一步算是搞定了。

第二步，就得从那位老师身上入手了。我挑时间把那位老师约了出来。

对老师，我便开门见山了。

"你知道一个老师不受学生欢迎甚至讨厌时，他的结局会怎样吗？"

他惊讶地看着我："什么意思？是在说我吗？虽然是新老师，可我在努力备课、上课，你的意思是我在什么地方做得还不够好吗！"

老师觉得自己很无辜。

见他这副样子，我只好换个方式问他。

"你有没有觉察到学生有些不喜欢你？"

他略一思索，道："有一点！"

我点了点头，把签满孩子姓名的联名单子放在他面前。他惊呆了。

"我女儿和我说了你的事情，我觉得他们做得欠妥，所以把名单要过来了，跟你沟通一下，毕竟全校最好的一个班的学生联名上书，这可不是闹着玩的！"

"我相信你是一个好老师，你也很尽职尽责地教导学生，但出现这种情况，不仅因为学生在叛逆期闹情绪，背后也的确反映了你有些地方有缺陷，无论讲课的趣味性还是深度，都是需要改进的。"

我实事求是地告诉他事情的严重性，也指出了问题所在。

老师愣了半晌，喃喃道："让我好好想想！"

我看到他陷入沉思的模样，心里暗自祝他好运。

回家后，我告诉晴儿，老师知道了他们的诉求，一定会有所改变，让她和同学们给老师一个机会，为期一个月。一个月后，如果他依旧没有改观，爸爸就代表他们全班去找校长处理这件事情。

一个月过后，那位老师不负众望，竟然逆转劣势，赢得了所有孩子的心。如今，那位老师竟成为该校最受欢迎的老师之一。

罢免风波平息后，女儿主动跟我谈起了对这件事的感想。

"爸爸在整我，让妈妈做那么多我不想吃的菜，再去和老师谈，然后来逆转局势。其实，我已经知道妈妈做这些菜有目的了。不过，确实应该给我们老师一个机会。"

　　"不同的老师就像不同的菜，就算你觉得他没有优点，他还是会在某些地方闪光的，而这些也许就是你缺乏的营养。人生要经历许许多多的老师，不可能每个你不喜欢的老师，都有办法换掉。我们要擅长发现别人的优点，从而去汲取营养！"我语重心长地告诉她，"最重要的一点是，多给别人一次机会，在很多情况下就是多给自己一次机会。"

无招计

妙破橡皮"失窃案"

无论何时，文具总是学生必不可少的东西，而文具好坏又隐隐成为同学间攀比的一种方式。

晴儿小时候，学校流行用颜色好看又有香味的橡皮。现在看来，这种橡皮不见得多么好用，也未必环保，但其光鲜亮丽的外表令孩子们无法释手。

有一天，晴儿放学回来气呼呼地对我说："爸爸，我最喜欢的那块橡皮丢了。我发现隔两排那个桌子上的同学有块和我一模一样的橡皮！我觉得那块橡皮就是我的！"

晴儿的小脸气嘟嘟的，嘴巴噘得可以挂个油瓶。看样子，晴儿确实气得不轻，那毕竟是她最喜欢的一块橡皮。

我仿佛听见她在心里说：无所不能的爸爸啊，你一定要化身狄仁杰，帮我把橡皮要回来啊！

不过，我并没有马上去给她主持公道。

我说："宝宝，你要记住，千万不要直接去翻那个同学的桌子，也不要直接拿回来，因为你没有亲眼看见人家拿走你的橡皮。你没有证据，对不对？"

虽然有些气，晴儿还是乖巧地点了点头。

"爸爸给你再买一块就是了！"

我很快给她买了第二块漂亮的橡皮。

原本以为这件"案子"就这么结束了，没想到，过了不久，她又把橡皮丢了。

"爸爸，这次肯定是别人拿的。我明明每次用完都放得好好的，为什么总有人拿我的橡皮？"

晴儿的委屈远远超出了愤怒。看着她的水汪汪的大眼睛似乎要哭出来，我心里一揪，赶紧安慰她。

"哦，晴儿别难过！爸爸会想个办法，这次一定帮你处理好！"

牛皮吹下来了，可具体怎么做，还真是让我头疼不已。如何杜绝此类事情再次发生呢？如何把"此案"处理得干净利落，不留后遗症，对孩子伤害最小呢？

找老师，不行；直接去和她的同学们谈，也不行。我冥思苦想了无数方案，最终都否定了。

后来，我用了个最笨的办法。我给晴儿买了五十块橡皮，让她给班上每位同学都发一块。无招胜有招，这招效果特别好。从那以后，她再也没有丢过任何文具。

直到今天，这桩"失窃案"仍旧被她津津乐道。

"爸爸，你当初怎么想到这种处理方式的？真的太棒了！"

孩子眉飞色舞，对爸爸的赞美毫不吝啬。

我知道她是真诚地夸奖我，可她也许并不能体会我的良苦用心。

"那是因为爸爸不希望任何同学被当作小偷！"

每个孩子都是上帝赐给我们的天使，在成长的路上，任何阴影都可能使他们受伤。保护他们不仅是父母的责任，也是每个家长的责任。

赋能计

你万里挑一，我胜券在握

"在座所有老师，你们辛苦了！此时此刻，我想送你们三幅画！为表明这些画都是我自己画的，我现场再画一幅……"

晴儿泰然自若地站在台上，对着评委娓娓道来。

台下的评委有些质疑了："小朋友，你现场作画来得及吗？"

"来得及！"

她微微一笑，挥起毛笔在事先准备的画稿上添了几笔，一棵亭亭玉立的荷花跃然纸上。

顿时，台下掌声如雷。

这是晴儿参加宋庆龄基金会举办的清华、北大夏令营苏州海选决赛的现场。现在正在进行决赛的第二个环节——才艺展示。

坐在台下的我听到如雷的掌声，悬着的心顿时放了下来。二十个人中选三个，看来有戏！

整个比赛过程完美地朝我们的参赛计划发展。为这个比赛，作为女儿的智囊团，我可是贡献了不少脑力。

事情要从几天前说起。那时候，我偶然看到这个夏令营的海选信息，最终大奖是免费清华、北大游。这确实很令人心动。但是，要在全国三万多名学生中海选一百八十多人，苏州只有三个名额。

我把这个消息和晴儿讲了一下，没想到她很感兴趣。

"宝宝想去试试！"

我心想，让晴儿去参加也好，不求名次多高，只求锻炼一下。

没想到晴儿十分优秀，第一次参加这类大赛便过五关斩六将，杀入决赛。

"爸爸，明天就是决赛了！你要不要给我指导一下？"

女儿对决赛还是十分重视的，主动寻求我的帮助，让我这个"诸葛小亮"虚荣心爆棚的同时，瞬间感到压力山大。

经过几番考量，我为女儿制定了一系列"作战方案"。

第一步，形象分很重要，上台必须恭敬地三鞠躬。

第二步，自我介绍，越短越好，废话少说。

第三步，才艺展示，唱歌、跳舞、弹钢琴，太没新意了，咱们现场画画。

第四步，参加这个夏令营的意义，让女儿自己想。

一切都在意料之中。女儿的形象分满分，自我介绍9.6分，才艺展示分数也不错，还剩下最后一个环节。我暗暗给女儿加油。

"我的梦想是当一名外交官，做外交官要有很高的文化素养！所以，我一定要去清华、北大这样的地方走一走，感受一下那里的氛围。同时，如果有机会，我会努力去那里读书！"

女儿朗朗的声音在舞台上响起，她的回答让评委肃然起敬。一个想做外交官的女孩子，这个梦想让所有人竖起了大拇指。

最后，她以0.6分的微弱差距，以第二名成功晋级。

"哦耶！我晋级了！"

晴儿开心地在我面前蹦跳，这是她第一次收获如此巨大的成功。

"爸爸，我要感谢你！谢谢你给我的指导！"

面对女儿的感谢，我理所当然地接受了。放下手头一切事务，来为她的决赛做参谋，这里面的功劳当然有我一份。不过，主要还是晴儿不怯场，临场发挥十分优秀。

重视并认真对待孩子的比赛，适时为她出谋划策，这应该是新时代赋予家长的新任务。其实，参与就会有收获，无论孩子还是家长！

捧杀计

不用心，怎么对得起全国读者

晴儿从小喜欢读书，而喜欢阅读的孩子作文一般差不了。自从在小学里从作文差生开始逆袭之后，我就没为她的作文操过心。她参加各类作文比赛，捧回不少奖状。

于是，我开始鼓励她去投稿。国内有很多报刊杂志，我帮晴儿分析，给她推荐过几篇样稿，让她学习模仿，但她的文章并不是每次都能发表。

有一次，她写了一篇美文《雨中伞》。一位杂志编辑看中了这篇文章，回复说需要稍做修改，再补充一些内容。

晴儿第一次改稿件，云淡风轻地对我说："老爸，你不要太着急。随缘！随缘！能发表就发表，不能就算了！"

我没说话，默默地将修改后的稿子发过去，编辑又回信说再改。

晴儿开始有些不耐烦了："不发就不发好了，不改了！"

我耐心开导她；"再改改吧，你就当成练手，做什么事情总归要精益求精吧？这次改完应该就可以发表了！"

见我如此态度，晴儿勉为其难地嘟着嘴巴又去改稿子。

第三次，编辑又将稿子退了回来，这篇文章依旧达不到发表的要求。

我当时就蒙了，自己话说得太满，这下要食言了！

编辑给出了三条修改建议，每条有理有据，切中了文章要害。

我知道，依晴儿个性，她肯定不肯修改第四遍了。但是，编辑如此详细分析文章的缺点，给出修改意见，这是在给她机会啊！这个机会不能轻易放弃，这对晴儿的写作水平有很大帮助。可是，我该怎么让小犟牛乖乖听我的话，再认真修改一遍呢？

我愁得躺在床上辗转反侧，难以入睡。

凌晨时分，我做了一个梦，梦见晴儿的文章发表之后，有很多读者在吐槽：这么差劲的文章居然也能发表。醒来后，我一身冷汗。

夫人彩林问："做噩梦了？"

我擦了把额头的汗，心事重重道："没有……"就在那句话脱口而出的瞬间，我想到了一条妙计。

第二天，我郑重其事地约晴儿聊天。

"来来来，我们聊聊！"

她把头一甩，警觉地回答道："聊什么？如果是聊修改文章，那免谈！"

"就是聊这事儿！你知道吧，编辑给我讲了两句话，我觉得很有道理，非常想和你分享一下！"

"哦？啥话？"

她顿时来了兴趣。

"第一句话，我给了你最确切的修改意见。第二句话，你的文章不是给我一个人看的，是给全国人民看的，所以需要一定的高度！"

我把我的梦境修改一下，转换成了这两句话。

晴儿听了，眼睛一亮。特别是最后一句，给全国人民看的，让她对修改文章的态度有了彻底改变。晴儿一向是有民族情怀的人，这下激发了她体内的热血。

"好！爸爸，那你仔细跟我讲讲编辑说哪些地方要改，我去好好改！"

这一次，她真的认认真真地参考编辑给的修改意见，一字一句地修改。当然，结果令人欢欣鼓舞，这篇稿子通过了。

当我接到晴儿的稿费单时，竟然比当初自己第一次发表文章还开心。晴儿兴奋地把单子夹在书里，一会儿翻出来看看，一会儿拿出来瞅瞅，快乐得像一只小鹿。

我给她领稿费的时候，还特地把附联塑封起来，作为礼物送给她，希望她永远记住这一刻。

这张稿费单成了晴儿继续写作的动力源泉，也点燃了她对文学创作的无限热情。更重要的是，她学会了认真对待每一篇文章，因为那是给全国人民看的。

无论做什么事情，都要尽最大的努力，做到最好才能获得成功！

模拟计

模拟人生路：我的岁月静好，因你在负重前行

孩子的成长离不开父母辛勤付出，这些付出如春雨一般绵延悠长，滋润万物，却又悄无声息。

可是，孩子很难体会父母的艰辛。如何让孩子深刻理解父母的养育之情，从内心深处升起真诚的感恩之心，是我一直在思考的问题。

在思考过程中，我想到了一个游戏。我事先去中央公园勘察路线，设计了一条高低起伏，有台阶、沟坎和桥的复杂路线，假装这就是人生需要经历的一条路。

游戏规则是这样的，晴儿必须蒙上眼睛，不能和我用声音交流，要通过我的肢体语言领会我的意思，跟着我走完这条路。

听完张靓颖的歌曲《隐形的翅膀》，我们踏上了"模拟人生路"。

第一段路程是走台阶。晴儿紧紧地挽着我的手臂，根据我的手拍她的腿的动作来感受怎么走。比如，我拍她的左腿，再拍右腿，她就明白这是走台阶；最后，双腿同时拍，意思就是台阶没有了。

走完台阶后，需要弯腰经过一棵树。我拍她的肩膀，她没有明白，蹲了下来。我又拍她的腿，她还是没明白。我急中生智，拍她的手，引导她根据我的手的高度来调整自己身体的高度。最后，她终于知道了，原来这里需要弯腰通过。

接下来是一个一米高落差的大台阶，我在下面把她抱上去。此时，我在下面，她在上面。我突然感受到孩子内心的慌张和恐惧，因为她没有我的引导，失去了方向。所以，她挪动每一步都小心翼翼。

等我爬上来之后，她立马拽住我的手，像抓住了救命稻草。

整个路程，我们花了一个多小时才走完。在休息的时候，我还给她放了一首《感恩的心》。此时，晴儿的眼睛还被蒙着，但那层布很快湿润了，一道道泪顺着脸颊流下来。

"现在可以说话了吗？"

她哽咽着问。

"可以啦，路已经走完了，你可以慢慢睁开眼睛。"

她取下布，泪水汹涌。

我一边帮她擦眼泪，一边循循善诱："你想想看，爸爸为什么要带你走这条路？从你出生开始，从你学会爬、学会走路到现在，一路磕磕碰碰，就像我们今天走的这条路一样。但是，不管怎样，我们现在到达了目的地。你的感悟是什么？"

"爸爸，你辛苦了！做父母太不容易了！"

这是她发自内心的感慨。只有这样的体验才能带给她深刻的感悟。

回家之后，晴儿特地和妈妈提起这个游戏。

"妈妈，爸爸今天带我走了一条路，让我真正懂得什么叫爱、什么叫尊重、什么叫真的不容易。"

这段与我一起走过的其实很短的路，我相信她会铭记一生。

成规计

我是真人，怎能随便"遥控"

要说坏习惯，每个人都有，而吃饭前不洗手是晴儿的一大坏习惯。我一向反对打孩子，但在这件事情上，她没少挨妈妈打。

有一回，我刚到家，就听见洗手间里传来孩子"哇哇"的哭声，吓得急忙冲了过去。刚到洗手间门口，我就听见夫人严厉的斥责声，心里有了几分数。驻足听了一会儿，我才明白又是因为孩子饭前不洗手的缘故。

我打开门，晴儿冲上来一把抱住我的大腿，哭得稀里哗啦向我告状："妈妈把我当遥控器啊，摁一下就哭，再摁一下就让我不哭！"我听了哭笑不得，原来晴儿挨揍之后，妈妈还见不得她哭。

我又心疼又好笑地看着这个"遥控器"，心想饭前不洗手确实是个坏习惯。她妈是个急性子，打孩子也是无奈之举，但确实不是好方法。既然打了多回没有奏效，我就借机换个法子试一下。

怎样才是让孩子记忆深刻而又温和的方法呢？

我准备了一个脸盆，放好水，摆在餐桌上，然后宣布：从现在开始，每次吃饭前大家都必须在这里洗手。

我第一个洗，夫人第二个，晴儿第三个。我们三个人轮流洗手，随后开饭。洗手盆放在桌子上，十分醒目。这个洗手仪式顺利坚持了一个星期。

随后，换成去水龙头洗，还是大家排队，一个接一个。

原以为这习惯会像书上写的，要二十一天才能养成，结果才七天，一喊"开饭"，晴儿就条件反射地洗手去了。

饭前不洗手的"牛皮癣"居然这么快就被我揭掉了，连我自己都难以置信。

教育女儿的同时，我也让夫人了解了一个道理：

真正有效的方法不是对孩子打骂和指责。对孩子的影响应该是潜移默化的，身体力行才是重中之重。孩子最初和父母待的时间最多，父母的榜样作用对他们养成好习惯会起到无法替代的正面影响。

这样的教育才会让孩子记忆深刻！

故纵计

当学书法成为"渴望"……

自从发现晴儿"遗传"了我拼音学不好的弱点以后，我着实担心写字难看这个"基因"会一并遗传给晴儿。

写一手好字，往大说，叫传承中华民族优秀文化，提高文化修养；往现实一点说，学习、生活或者工作经常需要和汉字打交道的，一手好字也是个人形象的一张名片。

遗憾的是，我以前做学生时不重视书法，工作后又没空去规范练习。而这个短板又毫无悬念地遗传给了女儿。小学阶段，她写的字确实连自己都觉得难看。

为改变现状，让女儿写一手好字，培养孩子对书法的兴趣，我决定制订一个"伟大"的计划。

首先，我带她去看了一个书法笔会。要让孩子在心底喜欢甚至崇拜书法，有了爱好，才能学好。

这是晴儿第一次参加这种活动。面对各种各样的书法和国画作品，晴儿开始惊叹起来："好好看呀！"

"爸爸，这个老爷爷写的字好有气势！"

她盯着一位胡子花白的老爷爷。老先生大笔在握，运笔如行云流水，字体刚健雄浑，一幅书法作品一气呵成。晴儿看得目瞪口呆。

紧接着，她又盯上了一幅国画。

"爸爸，这个画也画得很传神啊！"

她的亮晶晶的眸子里满是惊艳和赞叹。

"那当然，这可要两万元一幅呢！"

我十分肯定地说。

连小朋友都觉得好的作品，自然价格不菲。

"哇，这么贵！那要是宝宝去画，能卖钱吗？"

晴儿天真地问我。

我再次肯定地告诉她："可以！当然可以！前提是要有个过程。当你的画越来越好的时候，自然是可以卖钱的！"

"爸爸，我也想学画画、学书法！"

小姑娘很认真地下了决心。

我暗自窃喜，第一步目的已经达到了。但是，我并没有立刻答应她，而是故意打击她。

"宝宝，你要知道，练书法和画画的过程是非常艰辛的。就拿画画来说，要经历很多的过程，要构图、勾线、上色、渲染等。写字也很辛苦，你别看老爷爷写得那么好，人家肯定也是花了很多工夫才能有这么好的水平！"

台上三分钟，台下十年功，任何成就都来自十二分的努力与付出。我需要孩子明白，下决定很容易，要坚持下来就不那么容易了。

这番话果然有些把晴儿吓住了。笔会结束后，她没有再提起此事，我便开始酝酿第二步计划。

过一阵子，我又带她去参加了一场个人书画展。

这一次，晴儿按捺不住自己想学写字的念头，直接去找办展览的书画家了。

"老伯伯，你的字写得太漂亮了，能不能教教我啊！你收不收徒弟啊？"

当然，老伯伯并没有随意答应这个要求，不过也鼓励了她一番，夸赞她是一个有写字天赋的孩子。

从此，学书法和画画这个念头就种在了她的小脑袋里。她开始留意班级同学写的字，并且评价好坏。

看展览回去以后，我再也没有主动提过这个事情，倒是晴儿一直很上心。

这是姜太公钓鱼，愿者上钩！

设伏计

好老师让孩子受益一生

　　过了大半年，我一直没有提起过学书法和画画的事。终于有一天，孩子再也忍不住了，自己跑过来质问我。

　　"爸爸，你有一点不太好！我举个例子，你给我买了一块很美味的巧克力，你又不给我吃，我又够不着，你也不肯抱着我拿。你怎么这么坏呢？"

　　我被她没头没脑地一顿"噼里啪啦"，没搞明白自己哪里得罪她了。

　　"啥意思？你想干吗呀？"

　　"我想去找老师，学书法，学画画！"

　　小朋友气嘟嘟地嚷着，一副被我欺负的委屈模样。

　　我恍然大悟，原来爸爸坏在这里。

　　看来孩子是真的要下决心学了。我表面不动声色，心中却特别高兴。

　　我很快给女儿物色了一位很好的书画家，蒋老师。我满心欢喜地把她送去上课，期待娃娃的字越来越好。

　　可惜事与愿违，不到一个月，晴儿就不想去上课了。

原来，蒋老师每次上课都让孩子描红。因为初学，而且基础差，晴儿描得很差劲，老师就责备了她几句。

责备事小，可打击孩子的积极性，问题就大了。她觉得，自己和老师的要求差距实在太大，连描红都做不好，怎么去学写字。

"爸爸，我现在觉得写字好不好看不影响学习成绩，我不想学了！"

她已经找好退路了。

"还不如好好学习，其实写字好也没什么意思。"

她表示，打死也不愿意再去了。我去了解，那位书法老师觉得孩子静不下心来学，也不愿意再教她了。就这样，晴儿学书法的第一次尝试以失败告终。

我绞尽脑汁，费尽心思给晴儿培养出来的兴趣，没想到落得这么一个下场。

不过，爸爸怎么可能这么容易向失败低头呢？我需要再给她找一位老师。

好在朋友学书法的孩子也有很多，打听到有一位方老师，口碑好，风趣幽默，教出来的弟子也都很有出息。

于是，我带着晴儿来到方老师上课的少年宫。晴儿开始并不知道我带她是去听书法课，结果一看，立即抗议，表示不想学书法。看来蒋老师给她留下的阴影还是很深的。

我板起脸说道："你先听完这节课，再决定上不上！听完以后，一切由你做主！"

晴儿刚想和我说什么，方老师过来了。他问晴儿："小朋友，你是来干吗的？来上课的，还是来玩的呀？"

晴儿不悦道："我是被我老爸逼着来的！"

"这样啊！我这里不需要人参观，也不要逼着进来的小朋友！你问问他们，看有哪个是被逼着来的？既然你是被老爸逼的，现在你可以出去了！"

方老师一脸严肃地"赶人"了。

晴儿被这番话弄得很没面子。她是个爱面子的小姑娘，立马改口："那我坐下来听听，我不是被逼的，现在可以了吗？"

方老师见自己的"激将法"起了作用，便笑着去上课了。我不禁感叹，姜还是老的辣。小晴儿，你肯定逃不出方老师的手掌心。

没想到，方老师果然有一手。一堂课听下来，晴儿眉开眼笑地告诉我，一定要上这个老师的课，因为他太有劲了、太搞笑了。

后来，直到考过书法、国画十级，晴儿一直是方老师的学生。她对方老师的课充满热情，从不想学书法到对上课充满期待，主动去学习，几乎发生了天翻地覆的变化。

我不由得感叹，教育不仅仅是家长和孩子的事情，给孩子找一个喜欢的老师、合适的老师，至关重要。好老师是一本好书，遇到了是孩子一生的荣幸。

毁灭计

当"毒瘤手机"成为孩子的敌人

说起手机，家长对它可谓"深恶痛绝"。手机游戏别说对孩子了，对成年人的吸引力都很大，孩子又怎能"幸免于难"呢？

这不，我和夫人最近就喜欢上了"黄金矿工"，一有闲暇时间就两个人一起"挖金子"，增进一下感情。谁知道这一切被晴儿看在眼里，她很快加入我们的行列，玩得比我们还不亦乐乎，分值也比我们高许多。

没想到简单的一个小游戏，却埋下了不小的祸患。大人玩过一段时间就知道该去做自己的事情了，孩子不行。每到时间点，雷打不动，晴儿会来找我一起挖金矿。渐渐地，她不满足于"黄金矿工"，开始玩起了其他小游戏！

这时，我意识到了事情的严重性，特地找晴儿谈话。

"宝宝，你现在还在学习阶段，要以学业为重！手机呢，不是不给你玩，但你要学会节制……"

我尽量显得语重心长、不愠不火，以商量口吻对她晓之以理，动之以情。

谁知牙尖嘴利的小妮子立马回了一句："谁先起这个头的？是谁让我知道这个游戏的？"

言下之意，是我们大人带坏了她。

我一下子被她说得哑口无言。确实是我们点燃的导火线，那我就更有责任把它给灭掉！

大人是孩子的第一效仿对象，作为父母，我们要给晴儿树立一个良好的榜样！己所不欲，勿施于人，我们戒不掉这个瘾，怎么去要求孩子做到呢？

于是，我和夫人约定，我们一定要把游戏瘾戒掉，要给孩子做一个好的榜样。夫人很支持我的提议，毕竟女儿的学业最为重要。

可是，事情却出乎我的意料，晴儿依旧每天打游戏，似乎对我们的改变视而不见。这可让我头疼了一番。但是，我们的榜样作用还是有一点效果的，女儿似乎自知理亏，玩起游戏来没有以前那么正大光明了。

面对这种情况，不如反其道而行之！

"好，你要玩游戏是吧！今天，你啥也不用做了。爸爸就让你玩一天游戏，玩到不想玩为止。"

我开始用三十六计之"欲擒故纵"。

一天下来，我问她："玩得开心吧？"

"开心！"

她吃吃玩玩，十分悠闲。

"玩累了吗？"

"嗯！"

她伸了一下懒腰，活动了一下筋骨。

"那好，你跟我走！"

晴儿以为又有好玩的了，便蹦蹦跳跳跟我上了车。

我开车带她直奔一个钓鱼的鱼塘。

此时，有个人正在钓鱼，我们就坐在旁边看着。这人钓了很久，也没有钓上一条鱼。

晴儿悄悄问我："爸爸，他钓不上鱼，为什么还不走呢？"

我就用这句话问那个钓鱼人。

其实，那是一位老板。他说："你们也喜欢钓鱼吗？钓鱼是一种兴趣……"

我顿时明白了话中深意。

"老板也有闲心来钓鱼啊？"

"我钓的不是鱼，是寂寞！"

对方是老板，却也烦恼多多，不得不用钓鱼来释放压力。

当然，晴儿无法理解，为什么寂寞也能钓。

我又问他："如果没有鱼竿，你还会在这里钓鱼吗？"

"当然不会啊！"

"如果鱼竿掉了呢？"

"那我就做别的事情了呀！"

"比如，打高尔夫！"

"对呀，我也打！"

"假如没有鱼竿，是不是就不会想到钓鱼了？"

"对呀！"

这人被我问得有些莫名其妙。在他最后一次说对的时候，我打定主意，以迅雷不及掩耳之势让晴儿的手机在空中做了个抛物线运动，完美地落在鱼塘里。

"哎，你扔什么？"

他急忙问。

"手机啊！手机没了，不就想不到玩游戏了？"

我扔完手机，如释重负。

"哦哦哦！"

他恍然大悟，晴儿则目瞪口呆。

"爸爸，你扔的真的是手机吗？"

晴儿一脸悲愤，似乎对我这"败家行为"十分痛心。

"晴儿，爸爸不希望你玩物丧志。原本给你买手机是为你的学习，可我发现手机对你产生了不利影响。这不怪你，这是爸爸的错，我觉得应该扔掉。假如你什么时候想明白了，还可以跟爸爸申请用手机。"

事已至此，再怎么抗议手机也回不来了，晴儿接受了现实。

当"毒瘤"被连根拔除后，我终于松了口气。从此以后，女儿再也没有提起过游戏这件事。

代劳计

作业有"枪手"，你轻松，我乐意

晴儿自小比较乖巧，我对她的学习也颇为放心。可是，有一阶段，我发现她极其厌学，以致老师找上我，说孩子经常不完成作业。

我觉得蹊跷：一个低年级学生，作业量不是很多，每天到家也不晚，有足够的时间用来做作业，怎么会没做完呢？

那天放学，我问她："宝宝，你为什么不按时完成作业呢？"

"作业很难，我不会。要不你来帮我做吧！"

晴儿理直气壮地回答。

"是吗？有这么难？如果你觉得很难，不会做，那今天爸爸来帮你做！"

我将计就计。

"真的？爸爸，你真的帮我做作业？！"

女儿吃惊得张大嘴巴，高兴得蹦了三尺高。

"爸爸，那这样，你写在纸上，我自己再誊上去，免得老师发现字体不同。"

她的小脑筋转得很快，已经想到了避免露出破绽。

　　我打开作业本，在她的"指导"下弄清楚了做哪些作业。我让她拿着书站在旁边，一边做一边问她。在我们的问答中，她其实已经把答案算出来了。我由此断定，孩子不是不会做，而是在偷懒，不会做不过是借口。

　　第二天放学，她的老样子又拿出来了，把作业本往我面前一摊，想当然地使唤我："爸爸，来，帮我做作业！"

　　很明显，她把我当成作业靠山了。

　　我啼笑皆非，对她说："宝宝，你把数学课上老师怎么解应用题的过程给我讲一遍。"

　　"爸爸，还要这样啊？"

　　她有点难以理解爸爸的愚笨。

　　"当然咯，我不了解你们的解题思路，怎么给你写作业？"

　　"那好吧！"

　　她勉为其难地把数学课内容从头到尾向我汇报了一遍。听完后，我发现一个错误，公式错了，连忙给她纠正。她翻了翻书，觉察到果然是自己讲错了。

　　"这个题，你给爸爸讲讲题目的意思，好吧？"

　　我故意假装不懂题意，她只好又充当小老师。

　　"喏，这个题要这样解……"她怕我不理解，干脆拿起笔在草稿纸上写了起来。

　　我如法炮制，把所有作业都让她教了一遍，最后做完用时不到六十分钟。

　　四天过后，她再也无法忍受爸爸帮她做题了。

　　"爸爸，我作业不要你做了，你这不是在帮我忙啊！你这是在帮倒忙啊！你给我做作业，我还得给你讲一遍，还不如我自己做呢！"

　　我强忍着笑，心想要的就是这个效果，嘴上却一本正经道："我这是让你温故而知新，相当于给你复习。你怎么不理解我的苦心呢？而且，我不能眼睁睁看着你不交作业被老师骂呀！你如果再不交作业，我还得给你做！"

　　晴儿不耐烦地把我推出去，脑袋摇得跟拨浪鼓似的，连连拒绝："不行不行，绝对不要你做了，我保证一定做完作业，以后再也不拖作业。"

　　"为什么呀？爸爸帮你做不是更简单吗？"

　　我明知故问。

　　"不不不，我觉得你帮我做反而复杂了，还不如我自己做，反正我都会做！"

　　经过前几天的训练，她习惯先温习一遍白天学习的内容，这样反而提高了做作业的速度。从那以后，我再也没为这事操过心。

　　如果碰见孩子厌学的情况，不肯做作业，不妨像我一样"代写"几天作业，也许孩子很快就会把你推出书房，并且朝你保证"以后自己做"。

高标计

最大的缺点是"喜欢完美"

自从晴儿开始学书法、国画之后，我就一直有个想法——把她的书法、国画作品做成台历，这样既可以当作纪念，也可以作为鼓励。

她每个周末都会风雨无阻地去上课，的确很辛苦，偶尔也会偷懒。这时候，我就会把做台历的计划抛出来。

"哎呀，真的呀？爸爸，你要做多少啊？"

孩子两眼放光。

"当然是真的，我要做五千本！"

我伸出一个手掌，比画了一下。

"哇，这么多，要送这么多人啊！那不行，宝宝得努力写字！"

为爸爸的这个宏伟计划，她把懒虫赶跑了，提起精神努力练字画画。我窃笑不已，这就是激励鞭策她进步的一大法宝啊！

谁知道过了一阵子，我发现她又有点懈怠了。

"宝宝，你的字和画画怎样了，可以出台历了吗？"

我故意问。

"不不不，还不行！宝宝还得再加油！和笔会上那些作品比起来，我的字真的太差了！"

晴儿摆摆手，坚决表态，现在还不行。

有时候，方老师会问她："最近你怎么练字、画画这么用功啊？"

"我爸爸说要给我出台历，我当然要认真练！"

她道出原委。

"哦，原来如此，那你好好练，做好了一定要给我一本！"

方老师恍然大悟，他也是第一次碰见我这样的家长，为激励女儿练字，能想出这样的主意。

就这样，坚持了一年又一年，晴儿的书法一级一级往上考，国画也一级一级往上考，终于都考完了十级。现在，我承诺的台历还没出炉。晴儿已经考过了十级，但对自己的作品还是不满意。

我很赞赏她这种精益求精的态度。学无止境，历代巨匠大师都是这样"疯狂的完美主义者"。

"任何值得做的事，都应该做好；任何应该做好的事，都要做到尽善尽美。"

这是她给自己的座右铭。

"你当然可以，人的潜力是无限的！"

我总是鼓励她，相信她可以做得更好。

"老爸，我答应你，出国前一定把你要的作品交给你！"

晴儿给我时间上的承诺，她一直在为此努力，已经珍藏了不少得意之作。

虽然计划中的台历目前还未出炉，但我相信它很快会与大家见面。

人生最糟糕的事，莫过于没有理想、没有奋斗目标，而最庆幸的事正是你还有追求完美的执念。

暗度陈仓计

"幕后英雄"默默无闻

中考结束，所有初三学子都彻底轻松了。之前弦绷得紧紧的，我总是担心什么时候就会断，好在结果还算不错。

"考得如何？"

"苏州中学国际班，三个字，妥妥的！没问题！"

晴儿拍拍胸脯，信心十足地告诉我。

"哦？妥妥的！好，那可得好好庆祝一下！你说吧，想去购物还是去哪儿玩，只要和爸爸说，爸爸都答应你！"

我主动提出奖励方案。虽然女儿考试不是为我考，但她的用功和努力我都看在眼里，确实应该给她奖励，这既是放松，也权当提前的庆功宴了。

成绩出来还有好几天。这几天晴儿玩也玩过了，吃也吃过了，放松也放松完了，不由得有些焦躁起来。

"爸爸，你说成绩怎么还不出来啊？"

"你反正进苏州中学妥妥的，所以该玩就玩，该睡就睡，不要担心！现在就是你最幸福的时刻，成绩出来说不定会更幸福。"

我这么安慰她，看晴儿辛苦了三年，实在不想给她泼冷水。世上总有些事出人意料，万一"妥妥的"出了意外，那就是晴天霹雳了。在晴儿欢欣鼓舞的时候，我相当冷静。不是我不相信女儿的实力，而是知道希望越大，失望也可能越大。

看她如此亢奋，信心百倍，我就没有打击她。

没想到两天之后，晴天霹雳真的来了。

那天，还没有下班，我就接到了夫人的电话。

"告诉你一个坏消息，女儿没搞定。"

尽管有心理准备，我还是很震惊。

"为什么？"

"我查了成绩足足有六遍，就是差2分。排名已经出来了！"

夫人的失落语气让我一下子瘫坐在座位上。我还没来得及把混乱的思绪整理清楚，更糟糕的事情接踵而来。女儿把自己关在房间里一个人伤心地痛哭，怎么劝都没用。

"你回来千万别再说她了，她已经很痛苦了！"

夫人再三叮嘱我，不要再去责怪女儿。我自然明白，孩子伤心，做父母的心里难道会好受吗？

回到家，我强装开心说："哎哟，今天真是个值得开心的日子！"

夫人横了我一眼："你还开心啥呀？"

"分数不是出来了吗？来，宝宝，开门！"

我去女儿房间敲门。

"不开！"

她用沙哑的嗓子甩给我两个字。

"你才多大啊，才经历了几次考试啊！人生有无数考试，你就中考这一次没考好，就这样啦？那以后的高考、研究生考试什么的都不考了啊？一次失败只不过是为了以后更好的成功！退一万步讲，有老爸在，一切OK！"

我好不容易把门叫开，女儿顶着鸡窝一样的头发，两只眼睛像被蜜蜂蜇了一般肿胀，一副悲痛欲绝的样子。

"不行，这次你搞不定了！"

她说着，又掉起了眼泪。

"爸爸，我对不起你！"

"哎呀，你看你说的是什么话！考试是你考的，分数是你的，最后的路是你走的。你怎么会对不起我呢？！今天成绩已经出来了，不就是少了两分吗？少就少了，既然木已成舟，那我们一起想想接下来去哪个学校。"

苏州中学国际班没有考上，可如果不是非要去那里，就有很多其他学校可以选择，正所谓退一步海阔天空。我安慰孩子：没事，条条大路通罗马。

第二天，我找老师探讨了一下失利原因，没想到竟然是晴儿英语答题卡序号填错了，被扣了足足16分。这是一个令人抓狂的原因，我至今都没有告诉她这件事。

最后，我征求夫人和一些任课老师的意见，决定让晴儿去星海中学国际班。但是，这也需要让女儿认可。所以，事先跟学校沟通的事，我也没有跟晴儿透露。那一天，我假装第一次去"星海国际"，带着她一路找过去。

到了星海国际之后，参观了校园，老师向她介绍了一些学校的教学理念。晴儿听了连连点头，两眼放光，对我说："爸爸，这就是我要来的学校！人生之路的转折点，我相信就在这里！"

听到这番话，我终于安下心来。我不想让她认为这是爸爸的安排。让她自己实地考察，深思熟虑以后再做选择，比直接告诉她"你应该来这里上学"强无数倍。

两分之差，晴儿与苏州中学国际班失之交臂。但是，塞翁失马，焉知非福——星海中学国际班，一个真的成为女儿人生转折点的地方。

事实证明，我们的选择是正确的。

晴儿在星海中学国际班如鱼得水。她也许会想起爸爸在她中考失利的时候告诉过她，上帝关了一扇门，一定还会给你开一扇窗。

没有什么巧合，一切不期而遇都是精心安排和努力的结果。

约法计

巧治"唠叨病"和"散漫病"

晴儿看起《故事会》来，往往忘记作业还没做完。她更喜欢看电视，如果有《最强大脑》之类综艺节目，更是看得忘乎所以。这时候，她妈就会一次又一次地耳提面命让她去做作业。

"晴晴，你作业还没做完呢！"

"我看完了会去做的！"

"你应该在合理时间看电视、看课外书。"

夫人言下之意，就是做完作业以后才算合理时间。

"什么时间是合理的？我觉得现在这个时间就是合理的！"

晴儿不甘示弱，反驳得很快。

"你知道吗，我在学校学习多辛苦？我现在到家里了，不能放松一下吗？"

"就你学习辛苦，难道我上班不辛苦吗？"

如此对决，经常在家中上演。

你来我往几个回合，夫人竟然败下阵来，说不过晴儿，只好来说我了。

"你看看你的宝贝女儿，你自己管去！"

我一阵苦笑，这是招谁惹谁了。唉，谁让我在家里地位最低呢？我只好过去劝女儿。

"晴儿啊，你学习有学习的辛苦，爸爸妈妈上班也有上班的辛苦。妈妈也是为你好……"

"我知道妈妈为我好，可是她太唠叨，你知道吧？一直讲一直讲，没完没了地说。"

原来女儿是厌烦妈妈啰唆，所以才各种反驳。叛逆期的孩子，心理总是很微妙，让人捉摸不透。

"那咱们约法三章，爸爸保证妈妈以后不唠叨，我一句话搞定。但是，你也必须做到在合理时间看电视、看书。你要看《故事会》，可以，但每天要定好时间，在哪个时间段看书；你要看电视，也可以，双休日自己定时间，几点到几点。"我提议。

"真的？"晴儿眉毛一挑，欣喜地问道。

"真的，君无戏言！"

我俩击掌为誓。

于是，晴儿很快排出了时间表。我又附加了一个条件：在作业完成的情况下！

晴儿立刻表示反对。

“为什么要加这个条件？”

“我去上班，出工不出力，你说老板会不会给我工资？你的作业没有完成，怎么能就想着玩呢？如果这样可以，那爸爸明天起就不去上班了，每天玩多好呀！”

“那你也玩好了！”

晴儿很天真。

“行！那柴米油盐谁来买，水电费谁付钱？玩也要花钱，开支谁来出？不赚钱还花钱，你赚钱养我啊！哎哟，那我真是太幸福了！”

我做出很享受的样子。

女儿不说话了，无言以对，只好答应我，最后签字成交。

在教育女儿方面，夫人一向很听我的，自然也没有意见。我对夫人说，你对我唠叨，我会视为对我的关心，但女儿不同，她的经历太少，又处于叛逆期，你千万不能再在她面前唠叨了。

过了一个星期，夫人给我报告，女儿变化的确很大，很认真地照着时间表执行。

当然，我们约定的时间也是很人性化的、可以商量的。

比如，电视节目离结束还有五分钟，已经超出约定时间了，我也会给她宽限五分钟。如果电视节目看完了，约定时间还没到，晴儿再想看一会儿也可以。

我相信夫人的这种“唠叨病”天下很多父母都有，是处于青春期的孩子最讨厌的“家长病”之一。适时做出调整，配合孩子成长期的心理变化，尽量做到话少而有效，不失为一种良方。至少，我把晴儿讨厌的妈妈的“唠叨病”治好的同时，也治好了她自己的“散漫病”。

杀威计

谁动了"范文大咖"的奶酪

自从晴儿的作文水平一路飙升之后，她的文章频繁地被老师作为范文在课堂上当众诵读，这令小晴儿无比自豪。

俗话说，骄傲使人落后，我觉察到孩子骄傲的尾巴翘得有点高了，于是一直寻思提醒她一下。

有一回，她准备写一篇作文，既是老师布置的作业，又打算用来参加一个比赛。她沾沾自喜地跟我说："小意思，肯定又是范文！"

"能给我看看吗？"

"等我收完尾，就给你看！"

我浏览了一下她的文章，构思、语言、辞藻都不错，但故事明显没讲完整，立意还可以再深入一番。

小姑娘对我的评价很不服气，反问道："那你讲讲，该怎么写呢？"

"你还没开始写就在想这篇文章能做范文，你的目标没错，是以范文标准来写的。但是，你有没有考虑过，你的文章经常作为范文，是不是老师已经形成了这种概念，习惯性地把你的文章作为范文，而并不是你的每篇作品都达到这个水平了呢？当老师在读别人的范文时，你有没有认真听完思考过，他们的文章优点在哪里，是否也有值得借鉴学习的地方？"

晴儿皱了皱鼻子："爸，你这是在小看我！我的水平你又不是不知道！"

"你的这篇文章，如果这样写的话，要做范文有点问题哦！"

我决心这次不再护着她，要让她看清现实。

"范文是一种方向、一种引领，够优秀才能做范文哦！"

"不可能的！"

她一听这话就十分不开心了，觉得是对她能力的质疑，拒绝接受我的评价。她坚定地认为自己写得够好。

"你这篇文章肯定达不到范文的要求，更别提获奖了，你最好重写一遍！"

我苦口婆心地劝她，希望她及时醒悟。

她第一次见我这么坚持，将信将疑地看着我，问："哪里写得不好呢？"

"你多读几遍就知道了。"

她拿过去仔细读了一遍："我就是觉得没有问题啊！我觉得写得很好啊！你不要忽悠我！"

"不信，你交上去试试，如果这篇文章还能作为范文，我的'朱'字倒过来写！"

我不惜以自己的名誉跟她打赌，希望她能好好想想我说的话。

"这篇文章反映出你对自己的要求降低了，你真的应该好好再看看！"

她见我这样的态度，不禁对自己的坚持有些怀疑了。

考虑半晌，她想出一个折中办法，那就是把这篇文章交给老师，再重写一篇参加比赛，以此来检验我的判断。

为不让她过分骄傲，我私下给老师打电话，希望他不要把晴儿的文章作为范文。没想到老师直接告诉我，她的这篇文章内容不够深刻，文章细节也有不少瑕疵，确实有不少问题，原本就没有把它列为范文的打算。

晴儿重新写的那一篇却获奖了，还是全省二等奖。

那天放学后，她把奖状啪地扔到我面前，喜滋滋地说："老爸，你看看，这不就得奖了？"

"哎哟，那老爸得请你吃饭啦！"

我看到她得到如此成绩，也是由衷高兴。

"吃饭倒不用。老爸，你的嘴巴真毒，我那篇交给老师的文章真的没有成为范文，人家真的写得比我好！老爸，这回我认了，你赢了！我以后一定不再有点成绩就沾沾自喜了。你说得对，学无止境，在写文章的道路上，我还要继续努力！"

她很服气地认输了。

我哈哈大笑。当然，我高兴的不是赢了这个赌约，而是晴儿能从这件事中知道自己的不足，并加以改正。

以前从不把老爸的意见放在眼里的"范文大咖"，终于开始谦虚了。此后，她一直拿自己写的文章来让我指点，让我从一个长者的角度给她提出意见。

她现在终于明白，山外有山，人外有人。写作如逆水行舟，不能迎风而上，结果只能顺水而下。

游戏计

"优点银行"开到破产

晴儿陪我从邮局领完稿费后，坐上我的车，就开始习惯性地跷起二郎腿抖啊抖。

"宝宝，你这个习惯不好哦！"

我看在眼里，皱着眉头，批评了她。

"怎么了？我就随便抖了两下嘛，又不是故意的。"

她很不以为然。

"你能不能把这个坏习惯改掉啊！万一车上还有别人，你要踢到人家可怎么办？"

"我要是把这个习惯改了，你打算给我什么奖励呀？"

小丫头反应倒是迅速，一听要改，就立马和我谈起条件来了。

"还要奖励啊？你脚不抖就要给你奖励啊？"

"可是，我改了你就应该给我奖励！毕竟我从你不认可变成认可了嘛，难道不应该鼓励我一下吗？"

她理直气壮，让我无法反驳。

我转念一想，这也许是个办法。思索一番，一个绝妙的主意出现在我的脑海里。

"那我们换个方式好不好，爸爸给你做个'优点银行'。每当你多一个优点或改正一个缺点，我就给你记一笔，给你存到银行里，每个优点算10分。当然，每多一个缺点我也会给你扣10分。到年终，爸爸给你统计一下得了多少分，然后进行奖励，分值越高，奖励越大。这样怎么样？"

我的主意立刻得到晴儿双手拥护。这不仅让自己的优点变得有凭有据，还十分有趣，最重要的当然是可以得到奖励了，晴儿怎么会拒绝呢？

我给她做了一个纸箱子，开了一个口，像小信箱一样。然后，我把能想到的优点列入表格，对应填上分数。当然，表格里的优点可以增加，因为我们也许会随时发现原先没有想到过的优点。

自从"优点银行"开张之后，晴儿不但严格要求自己，而且还成了"找碴"高手。比如，她会纠正爷爷随地吐痰的行为，甚至阻止陌生人随手扔垃圾。

于是，我表扬她："纠正别人的坏习惯，这也是一个优点，爸爸给你加5分！"

本来只是一个玩笑的产物，没想到我们把"优点银行"坚持了下去。这个银行开办了三年，三年之后，我发现女儿的坏习惯越来越少，好习惯自然越来越多，甚至大有这个银行再开下去就要倒闭的趋势。这个出人意料的结果让我喜出望外，这个银行就算让我破产，我也高兴。

　　某年某月某日，"优点银行"正式宣布关闭，我这个行长也正式失业了。"优点银行"存在的那几年，让晴儿受益终身。

　　如果您的孩子也有不好的习惯需要纠正，不妨也试试开个类似的"银行"。

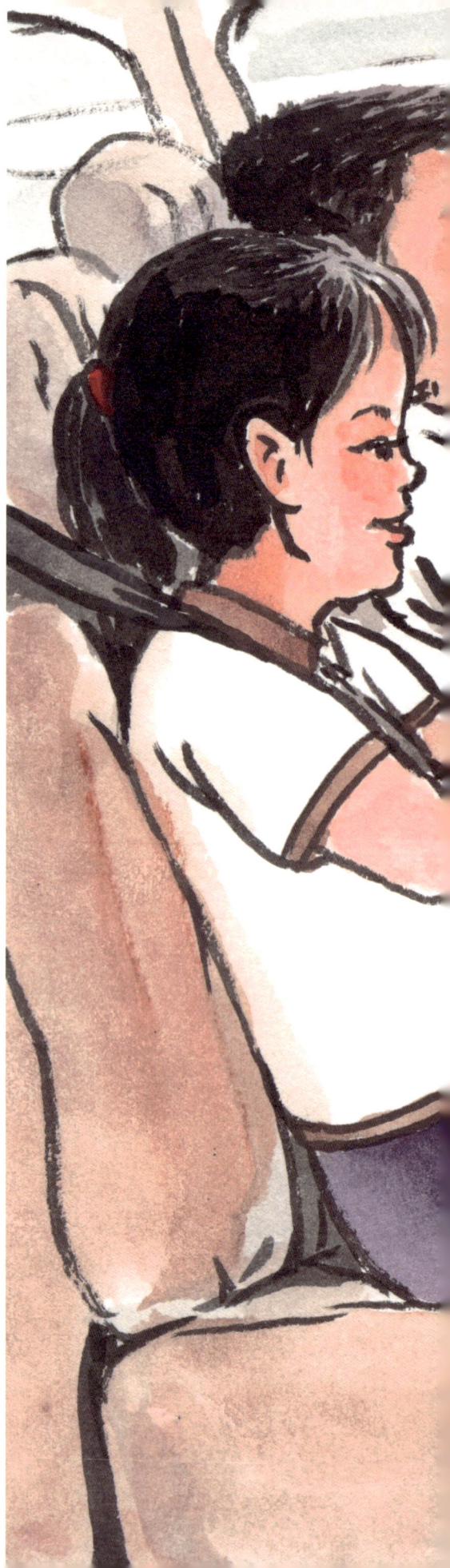

影射计

让书架井井有条

自从把家从养蚕里搬到平江路之后，我把房间的布置权利完全交给了晴儿。

"这房间是你自己以后要住的。除床和柜子的位置外，其他一切由你自己布置！"

晴儿用力点了点头，行了个礼："保证完成任务！"

就这样忙碌了一天，等我再去看她的房间时，晴儿已经布置得差不多了。

我总觉得哪儿有些不协调，细看之下，发现她的书架有问题。书架上的书大大小小地摆在一起，杂乱无章。

这么难看的书架，可得好好整理一下。可怎么整理，的确是个大问题。

我灵机一动，对晴儿说："晴儿，爸爸要写个东西，要去图书馆借一本书，你陪我一起去可以吗？"

"好呀好呀！"

她还没去过图书馆，自然很乐意走一趟。

我们来到苏州图书馆，这里浩瀚如海，要找一本书无疑很困难。其实，我知道那本书在哪里，却假装不知道，让女儿去问管理员。管理员将书名输入电脑一搜，第几排第几行第几本，很快就出来了。

于是，我问她："你看这里这么多书，你只报书名就能精准找到，这是怎么做到的？"

"哎哟，爸爸，你傻呀！这里的书，图书管理员都记录好了，而且摆得整整齐齐，我一眼就看得清清楚楚，当然找得到！"

"哦——对！这里的书摆得这么整齐，可是有的地方就摆得很差劲哦！"

我故意拉长了声调。

"有的地方？哪里啊？"

蒙在鼓里的晴儿连忙问。

"我的书房啊！我回去也要整理一下，像这里一样整整齐齐，一看就让人赏心悦目，一找就能找到我想要的书！"

女儿听完这句话，立马明白了，脸一下就红了。

她小声嘀咕："哎呀，爸爸，你有话直说嘛，不要这么兜圈子，还特地把我带到图书馆来！"

我装作很无辜，摊摊手："我确实正好要借这本书啊！顺便带你熟悉一下借书流程，不是很好吗？"

回家之后，她喝了口水，就把自己关进房间，说自己很累，要休息一下。

她这点小九九我还不知道？不过，我没有去拆穿，静静等着最终的结果。

两小时之后，她的书架发生了翻天覆地的变化。她把书做了归类，课外读物和学习用书分开。她把课外读物又做了分类，把学习用书整理到年级、科目，一目了然；连笔记本都贴了标签，做了分类。

我啧啧赞赏了一番，问她："你去了一趟图书馆，就能有这么大的感悟和变化？"

"爸爸，我算是想明白了。你知道吗，其实我们有很多时间浪费在找东西上！虽然今天看似花了两小时，以后找起书来就方便了许多！我们现在花点时间，其实是为以后节约时间！"

女儿的领悟能力让我惊叹。她已经把整理书架，从美观升华到了节约时间上，让我自愧不如。

直到现在，她的书架还是井井有条。我随便往里面塞一本书，她立刻清理出场。因为养成了这样条理清楚的习惯，她记的笔记也分门别类，需要找什么资料，能够很快找到，确实节省了不少时间。整理书架，间接让她成了节约时间的高手。

以退为进计

看书用上孙子兵法

相信不少家长遇到过这样的事情：孩子表面上在看书、写作业，你以为他们在学习，其实不然，书本下面压着各种课外书。只要你一走开，他们便看起小说来。

仔细想一想，似乎自己当年也是这个样子，不是孩子变淘气了，而是每个人都会经历这段时光。当然，有趣归有趣，这并不是一个好的做法。

这种小伎俩，晴儿也用过，不过没逃过我的法眼。

那一次，我看到她在英语书旁边放着一本课外书。

我说："宝宝，你在看英语啊？你边上那本课外书看起来不错嘛，借我看看呗！"

她一愣，立马答道："可以啊！不过，过两天行不行？我还没有看完！"

于是，过了两天，我又看见她在看书，这回是语文书，旁边还放着那本课外书。她已经看了两百多页，上次我看到时清楚记得是109页。她在假装学习的时候，其实看了一百多页课外书。

沟通是解决问题最有效的方法。我对晴儿说："宝宝，正所谓书籍是人类进步的阶梯，你喜欢看书，爸爸支持你。可每次我进来的时候，你都在看学习的书，实际上你在欺骗我。爸爸不是不让你看别的书，你想看跟我说，爸爸会让你看的。但是，宝宝，你一直欺骗我，我很伤心哦！"

为支持女儿看书，我交代过夫人，只要她喜欢的，在当当网上放在购物车里的，都买回来，不管多少钱。后来，为方便她看书，我还给她买了电子书阅读器。对于阅读，我非常鼓励，但不希望她用这种方式来骗我。

"爸爸，我懂了。从现在开始，我不伪装了，我该干吗干吗！"

女儿有些惭愧，她也知道自己这样做不妥。

"前提是保证成绩，只要不影响学习，随你怎么看！"

就像我之前说的，无论做什么事情都需要原则和底线。对晴儿来说，毫无疑问，她的学习成绩就是底线。

"好！成交！"

女儿跟我画了押，表示遵守承诺。

后来，每次要看课外书时，她都会向我报告一下，在看什么，看多久。有时，她甚至还会推荐我看，比如《明朝那些事儿》《红与黑》等，甚至还有美国前总统奥巴马写给女儿的信。有好的书，我也会向她推荐，并且分享一下我认为值得看的原因。

女儿看书很认真，每本看过的书都会做好笔记和标记，书架上的书也总是摆得整整齐齐，让人看了赏心悦目。阅读带给她很大的快乐，也丰富了她的思想。现在的晴儿已经学会选择自己需要的书了，每半个月就会去淘一些书来满足强烈的求知欲。我已不再干涉她看什么，因为最了解自己的还是她自己。我相信，如今的晴儿已经有了明辨是非的能力。

很多家长希望孩子能够博览群书，以此来增长知识面。可我认为，作为家长，首先需要多关心孩子在看什么，给孩子一些中肯的建议，因为不是所有的书都是开卷有益的。

所谓读书好，读好书，好读书，也就是这个道理。

故弄玄虚计

给方法，坚决不给"答案"

对女孩子来说，最差的功课一般来说是数学，我家晴儿也不例外。

晴儿从小就对数学应用题比较头疼。有一次，她遇到了一道不会做的题目，噌噌噌地跑过来问我。

"爸爸，我不是很懂这个题目的意思！"

我看了一下题目，问她老师上课有没有教范题，她说教了。

那怎么还是不会做呢？原本我想让她找老师去解决，又怕孩子胆小，心理负担大，不敢去问，只好自己上阵做老师了。

"宝宝，你先把老师在课堂上讲的范题读五遍。"

我回忆起自己小学时碰见难题的解决方法。孩子不懂题意，那就得多读，多读就能搞明白了。

晴儿依言读了五遍范题，然后两眼放光："爸爸，我好像有点感觉了！"

"把你不会做的那道题一个字一个字地再读五遍。"

我觉得读题是最为有效的方法。

"为什么又要读呢？"

晴儿十分不解。

"听爸爸的没错！"

"好吧！"

五遍过后，她主动提出："不如我把这个题目抄一遍吧！"

抄完一遍，她把自己的解题思路给我讲了一遍。我仔细听了，发现与例题的过程只剩下些许偏差，如果按照例题的方法做，就能轻松地解出来了。

于是，她又把例题抄了一遍，然后豁然开朗。

"哈哈，爸爸，我会做了！"

她兴奋地提笔就写，唰唰唰，果然把这道题做出来了。

自己做出了题，晴儿成就感十足！

我对她讲，老师讲的例题就是基础知识，所有题目都是从例题上演变而来的。基础知识掌握好，其他就都会了，万变不离其宗。晴儿连连点头，郑重其事地将这句话写在了书上。

后来，老师向我反映，晴儿上数学课的注意力高度集中，非常认真。我知道这个消息，十分欣慰。

晴儿长大些以后，阅读能力上来了，作文水平有了很大提高，解数学题的能力也随之增强。

通过此事，我发现语文基础真是重中之重，语文学不好，别的科目的题目搞不清楚，这就非常影响孩子的成绩。家长在孩子不懂题目意思的时候，一定要耐心引导他们去读题，孩子理解就会做了。

借坡下驴计

盛饭：一个不得不说的故事

晴儿小的时候，她的饭一直是妈妈彩林盛的，这样就导致她往往吃不完自己碗里的饭。那剩下的饭怎么办呢？只好让妈妈吃了。这个坏习惯延续到后来，只要吃不掉的东西，她就给她妈妈吃。

把这些都看在眼里的我，决心帮助她改正剩饭的坏习惯。

这天吃晚饭时，我假装不经意地问女儿。

"晴儿，如果有人让你吃他的剩饭剩菜，你乐意吗？"

女儿坚决地摇了摇头。

"那你为什么不把饭吃完呢？"

我又问她。

"因为这饭不是我盛的，妈妈盛多了，我吃不下，那怪我吗！"

晴儿振振有词地回答。

"这样吧，饭以后自己盛，你吃多少就盛多少。这下自己盛的饭总该要自己吃完了吧？"

晴儿一愣，没想到我打的居然是这个主意，但话已出口，再想收回也没那么容易了。

"那我们今天就订下这么一个规矩，自己的饭自己盛，自己的饭自己吃！谁都不许违反！"

随后，我又叮嘱夫人以后不许给女儿盛饭，一切让她自己动手。

规矩立下不久，彩林经常会忘记。有时候，她又习惯性地把女儿的饭盛好了。我顺手端过来自己吃，坚持让晴儿自己去盛饭。

一开始，晴儿盛饭也没数，掌握不了自己该吃多少。有时候盛多了，她也不好意思剩下来，虽然艰难，还是把饭吃掉了。慢慢地，过了一段时间，她就能掌握自己该盛多少饭了，盛多少就吃多少。

现在，她能精确地控制自己的饭量，做到一颗米都不剩。

有一回，我坐在饭桌上回短信，在手机屏幕上看见背后的晴儿在盛饭。我开玩笑道："宝宝，爸爸今天吃不多，少盛点！"

其实，我知道她是在为自己盛饭。

我这么一说，她反应很敏捷，立即顺口道："爸爸，你不要急啊！你吃多少，我给你盛多

少！"

我吃完之后，她还很热情地要给我添饭。我没有拂她的好意，又吃了一点。

"哎哟，宝宝，你给爸爸盛的饭好香啊！"

我忍不住侧面表扬了她一下。

女儿马上开心地向我请求，以后要一直给我盛饭。

于是，我的饭也一并交给晴儿去盛。

不是我特意要孩子给我盛饭，而是让她学会用这样的举动来表达关怀之情。生活需要仪式感，表达对儿女的爱或者对父母的爱都是如此。

乱点鸳鸯计

"夸错人"也是一门艺术

有一天，我在做例行值日的工作——拖地。我瞥了一眼女儿的床，不由得吓一跳，被子团成一团缩在床脚，枕头落在地上，床单皱成一团……

我心想，这可有损晴儿爱干净、爱整洁的形象。别人看见她光鲜亮丽，却不知道她的床如此狼藉。这个坏习惯，她必须改一改。

又一天，我和夫人都在家休息。我事先和夫人计划好，让她去帮女儿叠被子，整理好床铺。

随后，我假装吃惊地叫道："哎哟，今天太阳从西边出来了！"

"怎么了？怎么了？"

"宝宝，你今天的被子叠得真漂亮！"

晴儿愣了一下，莫名其妙地看看我。

"哎哟，真的比我叠得还好看！"

我继续夸赞她。

当然，晴儿没有老实交代被子不是她叠的，因为表扬对她来说很受用。

夫人在一旁悄悄地问我："你这招管不管用啊？"

"管不管用，我们明天就知道了！"

第二天，晴儿房间地上的枕头果然不见了，床上的被子也有模有样地叠了起来。

我连忙鼓励："真不错，如果能叠得再稍微好看一点就好了！不过，你昨天叠的被子真好看！今天是不是忙才没叠好啊？"

晴儿含糊了两声，继续受用我的表扬。

到了第三天，我发现晴儿叠被子越来越进步，床铺整理得整整齐齐，枕头放得整整齐齐。现在，她每天起来第一件事就是叠被子，第二件事就是整理床铺。尽管不像军人叠得像豆腐块一样，可她叠被子有自己的风格。顺带连睡衣、枕头放哪个位置，她都有自己的标准，只要别人一动，就能发现。

晴儿是个很讲究的小姑娘，房间整理得干干净净，书架井井有条，也看不得别人邋里邋遢。她的床铺如今终于达到了与她性格相配的水准。

表里如一，乃君子本色。做君子，从叠被子开始。

敲山震虎计

没有规矩，不成方圆

做作业拖延，这是很多孩子的通病，比如八点钟该做完的作业，她往往磨磨蹭蹭到九点十点。你跟她说吧，可能又会被一句话给怼回来："知道了，啰唆死了！"

有一次，晴儿做作业做了很久，我听到她不停地甩笔头的声音，好似遇上了什么难题。

我在一旁给她出谋划策："你甩啊甩，这么久了，这题甩出来没有？做不出来就赶紧请教别人或者老师啊！"

"你管我？"女儿很不客气地回敬了一句。

"行，OK！我们约定好九点三十五分熄灯，现在是八点三十五分。一个小时后不管你做不做得完，我都是要熄灯的！"

我强忍火气，提醒她注意时间。因为在我家，最晚十点钟必须熄灯。

晴儿没把我说的话当回事，不过还是接受我的意见，给老师和同学打电话，可巧的是都没有打通。于是，她就和这道题大眼对小眼干瞪着。

我一直在看时间。时间一到，我就去提醒她："时间到了，可以睡觉了！"

"干吗？"

"时间到了，睡觉了！"

我又重复一遍。

她不可思议地望着我，用一种理所当然的语气说："我作业还没做完呢！"

"那是你的问题，今天时间到了，睡觉了！"

我态度坚决，在原则问题上半点不会退让。

"熄灯就熄灯，谁怕谁啊！"

晴儿赌气关了台灯，洗漱去了。

本以为这件事情暂时告一段落了，可过了一小时，我突然听见"啪"的声音从女儿房间传出来。这像是开关的声音，我琢磨八成是晴儿偷偷起来写作业了。

果然，我起床一看，她房间的灯又亮了。我犹豫了一下，要不今天给她一个机会，让她把作业写完？转念一想，不能助长这种不良风气，有问题、有坏习惯要及时发现并改正。于是，我决定坚持关灯。

为稍微照顾她的面子，我走出房门时故意发出很大的声音。她一听，连忙把灯关了。我又弄出大的声响假装回房，实际上还在门口听她到底有没有上床睡觉。

过了一会儿，她以为我回房间睡觉了，放心大胆地继续开灯写起作业来。

我驻足倾听了一会儿，敲了敲门。这下可把她吓坏了，怎么也没想到我会杀"回马枪"。她啪地拍开关，把灯熄了，连蹦带滚上了床。

自从那次被我严厉"管教"之后，她对做作业的时间开始重视起来，再也不敢浪费时间了。

孩子做作业慢，大致有两种原因，一是不会做，二是没把时间当回事，边做边玩，边做边吃。遇到第一种，很简单，不会做的题可以放到最后，先把会做的做完。后面一种则是不可原谅的，必须立即改正。对付这个毛病，最主要的还是和孩子确定好时间，坚决执行，这样写作业拖拉的问题就很容易解决了。

借船出海计

知错能改，善莫大焉

丁零零，丁零零！

"喂，你是谁呀！"晴儿蹦蹦跳跳地跑去接电话。

"我是你爷爷啊，我找你妈妈！"

"妈妈不在家！"

"啪！"晴儿说完就一把把电话挂了。

当时，我在书房看书，听到这个对话，觉得晴儿接电话的态度非常有问题。

如果我直接跟她这么说，她肯定听不进去，反而要嫌我烦她。于是，我略施小计，让朋友给她打了个电话。

"喂，你是某某某的女儿吗？"

朋友的语气十分生硬无礼。

"是呀，你是谁？"

晴儿听了朋友的口气，明显有些不悦。

"你这个小孩子怎么这么没有教养啊！我是你长辈，你怎么和我说话呢？怎么都不会向别人问好呢？"

晴儿愣了一下，不客气道："我又不认识你！我凭什么向你问好？"

在我指点下，朋友佯装生气道："你真是我见过的接电话最没教养的孩子！"然后，朋友啪地挂断了电话。

晴儿十分生气，立马跑来找我"兴师问罪"了。

"爸爸，你看一下这个电话号码，这个人你认识吗？"

她指着手机，蹙着眉头，一副极其厌恶的样子。

我装出一副好奇的样子问道："怎么了？"

"你那朋友怎么说话呢？说我不问好，没有礼貌，没有教养，乱七八糟说了一大堆。他算老几啊？"

晴儿气呼呼地向我告状。

"那你怎么回答的？"

"他这么说我，我肯定不会给他好脸色看啊！"

"那他比你大吧？"

"你的朋友肯定比我大啊！"

"那你有没有礼貌地跟他说话啊？"

"没有啊！我又不认识他，我也没给他打电话，他自己打电话过来，我又不知道是你朋友，然后他就开始数落我了！就算是你朋友也不能这样吧！所以，我就生气了，谁还跟他客气！"

晴儿不服气地争辩。

"宝宝，你设想一个场景，你在外面玩的时候，我突然给你打个电话，什么理由都不讲，就说：'朱佳晴，你在哪？给我回家！'然后，我就把电话挂了，你是什么感觉？"

"那我肯定很生气呀！"

女儿气鼓鼓地说。

"不用客气了，也不用问什么了，直奔主题，省事简单，不好吗！"

小家伙脑子倒是转得很快，被我这么一说，恍然大悟："爸爸，这个人有我的电话号码，八成就是你给的！你要教育我就直奔主题，不用拐这么大弯吧！"

"不是啊，没有啊！你可别瞎说！"

被看穿的我还想再顽抗一下。

"肯定是你在搞鬼。我懂你的意思了，我上次接爷爷电话，肯定被你听见了，所以你才想了这么一出，是吧？我后来仔细想想，那样确实没有礼貌，不太好。"

晴儿确实长大了，许多事情只要给她提点一下，就能够明白。就拿这件事情来说，我还没说什么，她就已经开始自我审视和反思了。

为此，我给她鼓了鼓掌。

人不怕有错，怕的就是知错不改。晴儿是一个知错能改的好孩子。自从明白自己的不足之后，她接电话就发生了翻天覆地的变化，有礼貌不说，居然还能跟爷爷奶奶家长里短唠嗑了。她给我们打电话也是嘘寒问暖，如夏日微风、冬日暖阳。

知错能改，善莫大焉！

将计就计计

高手过招，巧治"背书偷懒症"

　　自从晴儿上了小学，学校便要求无论背诵还是书面作业，都要家长签字，以示完成，美其名曰家长与老师合作，共同教育孩子。当然，对这一点我还是非常认可的。

　　我一向对晴儿十分自信，因为她的书面作业总是完成得非常好，背诵也不错。所以，我总是大笔一挥，龙飞凤舞地写上我的名字。这个时候，我也会有些小骄傲！

　　有一天，晴儿把书面作业写完了，噌噌噌地跑过来找我背英语。背了一篇文章下来，我似乎感觉她漏了几个短语没背出来。可我转念一想，不应该呀！晴儿不会犯这种低级错误，可能是她背得太快我没听到吧？虽然有些疑惑，我还是点了点头，一如既往地夸她背得不错，同时签上自己的名字。

　　隔了两天，又有背诵作业。这回，我本着对自己负责，也对晴儿负责的态度，认认真真地盯着晴儿的英语书，同时聚精会神地听晴儿背诵，恨不得自己的耳朵竖得跟兔子一样。晴儿背了两段还不错，到第三段就有些不熟了，还漏了几个句子。这回算是被我抓到了！我没有声张，想看看她是什么反应。非常有趣的是，每当晴儿漏背一个句子时，她都会悄悄地看一眼我的脸色。我假意不动声色。她见我没有反应，便呼口气，继续背下去，一篇文章少背了三四句话。

　　这时，我心中有些数了，她就是觉得我不会英语，装模作样地看书，心存侥幸想糊弄过去。既然她在漏句子的时候能看我脸色，那肯定知道自己漏了，或者忘记了，见我没指出来，便起了偷懒的心思。我本想当场指出她的错误，转念一想，这样治标不治本，得想个好办法才行。

　　第三天，晴儿又有英语背诵的作业。她自己背了一会儿后，就来找我背诵了。这回她的胆子更大了，足足漏了一整段，把我给逗乐了。我心里已经想好怎么做了，等她背诵完便问她：

　　"背完了？"

　　"对……对啊……"

　　晴儿一愣，没想到我会突然这么问她，顿时有点发虚。

　　"那就好，我相信你。"

　　我故意表示信任地点了点头，又给她签上名字。

　　晴儿的脸有些红，但没说什么，拿了作业就回房间了。

　　我看她"不知悔改"，便开始了计划的第二步，打电话给她的英语老师。

　　"老师，您好，我是朱佳晴的爸爸。请问您在课堂上抽背课文吗？"

"当然要啊，每天都要。"

"那麻烦您明天点名抽朱佳晴小朋友，好吗？"

"当然没问题，不过为什么？"老师有些疑惑。

"明天你就知道了。"我故意卖了个关子。

第二天晚上，晴儿放学回到家里把书包一扔，对我说："今天真奇怪，老师问哪些人昨晚好好背书了，全班都举手，可老师偏偏就抽到了我。"

我一听猜到了几分，故作惊讶地问："怎么了？抽到你挺好的呀！这不是给你展现的机会吗？你昨晚不是背得特别顺吗？"

"嗯……对，就是，嗯，挺好的。"

晴儿被我一问，脸色又尴尬了几分，支支吾吾说不出话来。

她话锋一转，不好意思地对我说：

"老爸，今天还有背诵作业，你接着听我背吧，一定要仔细听我背！"

"好呀，我是特别乐意的！"

自从我让英语老师抽过一次晴儿背书以后，晴儿成了英语老师的重点关照对象。对这件事，晴儿的态度是"反正总是要背的，不如提前自己好好背"，只要自己都背会了，老师抽不抽都无所谓。

我非常高兴，看来这次我又做了一个正确的选择。只有孩子自己想学，才能真正学好。而我们家长要做的，就是想办法让孩子自主学习。

六、升维系

脑宇宙的四种基本力

科学家说，宇宙中存在四种基本力：引力、电磁力、弱核力、强核力。

我认为，脑宇宙中也存在四种基本力：自察力、自勉力、自悟力和自治力。

脑宇宙中的四种基本力强弱各异，各有妙用。它们之间相互作用，主导人一生的思维迭代、能力升维。它们的合力主宰了人的优秀或者普通、天才或者平庸。它们让人类能够像计算机程序一样，具有升级迭代的能力，弥补上一代的漏洞，进化出更加强大的功能。

自察力，自我观照、自我考评和改正错误，能修复"系统"漏洞。

自勉力，自我激励，打造情商系统，是人的情感加油站，能增加"系统"流畅性。

自悟力，自我领悟能力，打造人的创造性思维系统，洞察力、发散力等都属于该系统，它是"系统"的扩展槽，所有新的技能、属性都能往上插。

自治力，自我管理、执行的能力，它是"系统"运行架构，什么活都由它干。

本系列每个故事，都对应这四种力的一种，但并没有直接把它揭示出来，而是希望读者自己去思考、去发现。

尊重是相互的

单位同事要来我家给我送个东西。此时，晴儿正在房间里写作业，并没有发现有客人来。

我们在客厅聊天的时候，晴儿出门上卫生间经过。于是，同事就问："桂根，这是谁呀？"

"我女儿啊！"

我答道。

"哦，你女儿在家里啊？"

他显得很惊讶。

等他走之后，女儿从房间里蹦出来，有些不悦地说："这个人什么素质啊！什么叫'这是谁呀''你女儿在家里啊'？"

"晴晴，你觉得他哪里不对吗？首先，你现在长大了，他也许会误认为你是我的亲属。其次，你在书房里也没出来和人家打个招呼，也没有自我介绍一下，基本礼数似乎有些欠缺。人家毕竟是到我们家的客人。你是主人耶，难道不该主动热情一些吗？来的是爸爸的同事，你就算不招待一下，倒杯茶什么的，打个招呼总是要的吧？"

晴儿被我这一番抢白，说得哑口无言，只得挠了挠头发，低头不语。

"这次不怪那个叔叔，也不怪你，怪我之前没跟你提。以后家里来客人了，你要是在家，就出来打个招呼，给人家倒杯水，能不能做到？不能做到，爸爸做给你看！为什么爸爸有那么多朋友，他们对爸爸都很尊重？关键是要有礼貌！"

"哦！我试试吧！"

她点点头，答应了下来。

经过我的一番教育，晴儿很快改变了自己的态度。家里再来客人，她很主动地出来打招呼，端茶倒水。

有时候，舅舅、伯伯来了，她主动去打招呼，还把零食端出来，招呼他们吃。

有时候，爷爷来了会抽烟，她不会说不许抽，而是想方设法让他出去抽。

"爷爷，你要抽烟吗？我带你下去，我们小区有抽烟的地方。"

"哦，那我就不抽了。"

爷爷有点不好意思。

"爷爷，你能不能把烟戒掉啊！香烟也没什么好的，还危害健康！"

她趁机开始劝爷爷戒烟。

晴儿不但在礼数上周全了，还能顺便帮爷爷改改坏习惯。

在招待客人方面，晴儿渐渐掌握了分寸，做得十分出色，也得到了亲朋好友的表扬。其实，这对孩子要求比较高，语言交流、行为规范、端茶倒水等都要做到位。在这个过程中，孩子的这些能力无疑得到了很大的提升，对以后与人交往也会有很大的帮助。

不管怎么说，谁会不喜欢一个懂礼貌的孩子呢?

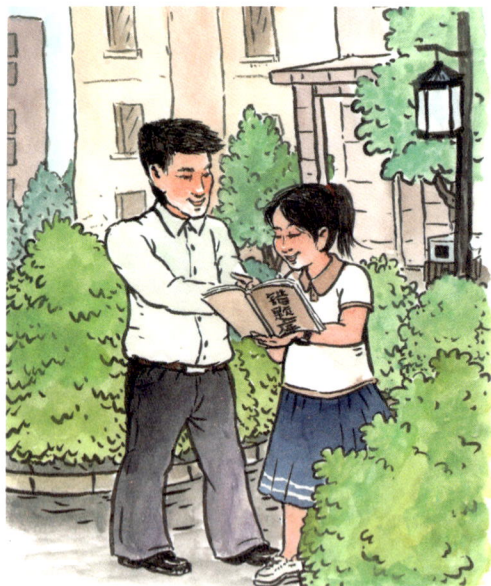

揭秘高分密码"错题库"

　　相信很多老师都会叫学生准备一个空白本子，把平时做错的题目收集起来，美其名曰"错题库"。有时候，老师还会把整理错题作为一项作业布置下去。晴儿也有这么一本错题库。

　　但是，她的错题库不是整理完了就开始做，而是抄上去隔一个星期再做，以检验自己是否真的理解了错题。在考试前，她会一再反复研究错题，找到自己的知识薄弱点，有针对性地做练习题，确保自己不会再做错。如果已经掌握了，她也会避免重复工作，将重点转向中高难度题目。

　　过一段时间，晴儿又把所有错题，特别是由于"解题思路不对"造成的错题，从错题库中调出来，再做一遍。她说这对补弱固强有很大的帮助。

　　有一回，她喜滋滋地告诉我："爸爸，今天考试考到的三道题，我都复习到了！"

　　"你真是神算啊？"

　　我表示惊讶。

　　"不是啦，是题型一模一样，不是题目一模一样！"

　　她翻出她的错题库，指给我看。

　　"哦，那也很好，题型一样。"

　　我给她点赞。

　　确实，在理解解题方法以后，题目再怎么换数据，都没有问题。非常可惜的是，很多孩子的错题库只是为了应付老师留下的作业，自己根本没有掌握解题思路。有一位教育家说得好，"学习成绩的好坏往往和一个人的错题本成正比"。如果能很好地把错题库利用起来，夯实基础，无论什么考试，考高分都不成问题。

"小军师"不白当

大约十多年前，我去常熟采访还是坐公交车。那时候，还没有现在方便的交通，我们采访也不是每次都能配车出门的。

那一次，我采访的人物是大名鼎鼎的蒋巷村村支部书记常德盛。我不放心晴儿一个人待在家里，于是带她一起去了常熟。好在晴儿一直是个乖宝宝，从来不给我惹麻烦，我完全可以安心工作。

由于路途遥远，我提前跟常书记的助理预约了时间。到了办公室，助理给我女儿倒了一杯水，孩子很恭敬地站起来，双手接过，点头道谢。这一切自然被常书记看在眼里。

"哎哟，这是你女儿啊？"

常书记问。

"是呀！"

"真是个懂礼貌的好孩子！"

老爷子赞许地点点头。

采访进行了一上午，在这个过程中，孩子一直认真地听我们讲话，从来不插嘴。

结束采访以后，我紧紧握着常书记的手道别。晴儿也很有礼貌地向老爷子说再见，老爷子十分开心。

为表扬晴儿今天表现出色，我带她在村里好好吃了一顿。

席间，一直保持沉默的晴儿突然发问："爸爸，我们离常熟远不远？"

"当然远啊！"我随口答道。

"那我们来一趟是不是很不容易？"

"那当然！"

我意识到孩子可能有什么想法。晴儿今天一天表现得十分出色，我很想听她接下来说什么。

"爸爸，你是不是忘记了一件事情？"

孩子用睿智的眼神瞅着我，我一时摸不着头脑。

忘记啥了？我完全没有猜到她的意思。

"你是不是应该向常爷爷或者他的助理，要个电话或者名片什么的？你看我们来一趟多不容易，万一采访漏掉了啥，我们回去之后，你还需要了解，那打一个电话不就可以了吗？"

女儿一番话令我恍然大悟。对呀！我怎么把这个事给忘了呢？

我顿时对女儿刮目相看，想不到她观察敏锐，考虑事情比我还周到。

此后，只要方便的话，我便常常带她一起去采访。这样，一来能够锻炼她的胆量，二来也能带她见见世面。自此，晴儿就成了我的"小军师"，经常帮我出谋划策。她站在旁观者的角度，往往有柳暗花明又一村的新见解。

"寂寞的钢琴"在呻吟……

一位朋友的女儿弹钢琴很拿手。有一回，那个孩子要和钢琴大师理查德·克莱德曼同台演出，送了我们几张音乐会门票。

十四架钢琴摆在舞台上，克莱德曼坐在中间，其他孩子在旁边围绕着他。音乐会全场座位爆满，演出非常成功。我当时还为这件事做了专题报道。

看完音乐会，晴儿异常兴奋，立即提出要求，想去学钢琴。

"宝宝，我听说学钢琴很辛苦，练得手指头都会起血泡！"

我不是吓唬她，做什么都需要付出时间与精力，任何成就都离不开付出与汗水。

然而，晴儿没有被我吓倒，坚持要去学。

当晚，我们召开了家庭会议，讨论晴儿学钢琴的事。

"一架钢琴要两万七千多元，晴儿，你确定要学吗？"

我再次向女儿确认，因为要买的不是玩具钢琴，对我们家来说，是一笔不小的开支。

"我一定要学！"

女儿出奇地坚决。

"好，那就说定了！"

我嘴上这么说，心里却在想：万一到时候她不肯坚持了，如何是好？钢琴买了不是浪费吗？

"宝宝，这样吧，你先去学一个星期。如果一个星期过后，你想继续学，那就成交，爸爸给你买钢琴！你看这样行不？"女儿自然点头同意。

钢琴老师还是很好找的，晴儿学了三天，回来对我说："爸爸，弹钢琴真的很好，可我觉得还挺累的，手还真挺疼的！还有，这个老师好严厉哦！爸爸，买钢琴其实挺贵的……"

说到这儿，我大概明白她的意思了，果然不出所料。

"可是，宝宝，我交钱已经一个星期了，你总得上完吧！"

她勉为其难地答应："那好吧！"

最后一节课，她说什么也不愿意去了。

我说："宝宝，这是最后一节课了，你至少要去和老师道别吧！"

"那好，就去道别。你陪我一起去，告别完我们立马走，不上了。"

几天时间，一个踌躇满志的准备成为钢琴大师的娃就变成了现在这个样子，我真是又好气又好笑。

和老师告别时，老师告诉我，孩子很聪明，但在音乐方面的天赋可能不是很突出，让我再考虑考虑。

为让晴儿更深刻地了解学钢琴的不易，我又带她去朋友家，听朋友的女儿弹了三首曲子。听完后，晴儿坐在那里发呆，然后腾地站起来，抓住那位小姐姐的手，左看右看。

"哇，都是老茧！"

她惊叹道。

"小姐姐，你弹了几年？"

"七年！"

"那你想过放弃吗？"

"我喜欢，就不存在放弃。就算弹出血，我还是要弹下去。"

女儿满脸崇拜地看着小姐姐，自叹弗如。

兴趣是最大的动力，晴儿对钢琴的热情充其量只是一时兴起，远远达不到热爱的程度。所以，这次她对钢琴的探索就画上了句号。

理想很丰满，现实很骨感。她终于体会到了理想与现实的差距。看阅兵式时，她也曾一时兴起，说想去做警察。我又好气又好笑地告诉她，做警察比练钢琴还要艰苦一百倍。

要适时学会放弃，寻找适合自己的，才是比较理智的做法。三百六十行，行行出状元，但不会有谁三百六十行，行行都精通。

如果和结果，你喜欢什么"果"

每个家长都有不同的教育方式，就像托尔斯泰所说，幸福的人生大抵相似，不幸的人生却各不相同。好的教育是有共性的，不好的教育却各种各样。

我家楼上有一个和我女儿差不多大的男孩子。有一次，那个男孩的妈妈开完"家委会"，带孩子回家，和我遇上了。她与我聊了没两句，就开始数落自己的儿子。

"我家小孩读书真的不行，就拿最近考试来说，他拿到试卷以后和我说，这些题目都会做，就是因为马虎大意了，这个没看到那个没看到，才没考好。唉，你说这可怎么办？

"唉，看来以后是指不上他给我养老了。"

孩子妈妈伤心地叹气，一副恨铁不成钢的样子。

我刚想劝慰几句，岂料旁边的孩子立马反驳："我是你儿子！你不指望我，还能指望谁？"

"不用你了！我跟你老爸已经买好保险了！我们不靠你，我们靠自己！"

这位妈妈突然拔高了音调，那个孩子小脸通红。

"哦，这样啊！你们有保险，不用靠我了。那好啊，你们别管我了！"

孩子实在不知如何反驳，又好面子，于是愤然说。

我一看空气中火药味十足，就怕什么时候突然给引爆了，赶紧先把大人拉到一边。

我对她讲："你说这样的话很容易伤孩子的自尊心。你老这么数落他，他的自信都没了。如果连最亲的人都这么否定他，他还怎么能好好学啊？你看我家女儿和你家儿子也差不多大，我就肯定不会这样说孩子。"

她一脸不屑，似乎想，孩子怎么管，自己知道。不过，碍于场面，她问："那你咋教育孩子的？"

我不是教育方面的专家，不过教育晴儿的任务一直是我在执行，所幸颇有成效。面对这类事情，我多多少少还是有几分"拙见"的。

于是，我给这位妈妈讲了我和女儿的故事。

"你看，我女儿其实是一个非常马虎的人，这个缺点肯定得改呀！我就对女儿这样说：'宝宝，你是不是经常会听到一些如果呢？如果你努力了，成绩就会上去了，如果你细心了，就不会马虎，如果你不马虎就不会错……

　　"'这一个个"如果"背后暴露出来的，其实就是你做事没有认真的态度。等你什么时候把这个"如果"给摘掉了，那成绩还会不好吗？细心就不会马虎，不马虎就不会错。同样，做一件事情，你做了一天，你想做得十分好，被人认可，还是就这样子无所谓了？'

　　"当时，我女儿这样回答我：'爸爸，这题目我不是不会，我真是马虎了！英文字母大小写没看清，我一直没注意，老师批得松一点，我就对了，批得严了，就算我错了！你说我冤不冤？'

　　"我就往大了给她举例子，跟她讲宇宙飞船，因为每当我国发射火箭卫星时，如果有直播，她一定会坐在电视机前观看。那时候，她特别自豪，特别有成就感，感觉这是非常伟大的事业。

　　"我说：'晴儿，你一直很喜欢"神舟六号"，可你知道吗？"神舟六号"上面有成千上万个零件，每个零件都有不可替代的作用，只要在发射的时候有一个小部件松动，就会酿成大祸！计算轨道时的任何一个微小的数据偏差，都会使到达的地方和目的地相距甚远。'

　　"晴儿不好意思地点了点头，我接着跟她说：'晴儿，你要知道，你做题为什么马虎。老师这么出题，就是算到了你会马虎。你不当回事的这些小细节，如果你不重视它们，它们都会导致你失败！千里之堤，溃于蚁穴，你要从细节着手，打好基础，这才能得到最终的成功。'

　　"我和女儿讲这个道理，马虎病的后果可大可小，我想让她充分认识到马虎不能作为题目做错的借口，因为在老师那里没有'如果'，只有对错！

　　"我女儿点着头：'爸爸，我懂了，你说得太对了！马虎不是借口，是不可以原谅的！'从此之后，她每个题目都会反复认真地检查，怕出错。

　　"可是，好事多磨，让她培养的这个优良习惯还是出现了一点小小的起伏。有一回考试，她检查了三遍试卷，结果却把对的改错了，这给她不小的打击。她委屈地过来找我诉苦：'爸爸，你要我检查检查，细心再细心，你看，结果反而错了！'

　　"我就耐心地和她说：'检查本身没有错误，这次检查反而暴露出来一个问题，就是你对这道题目并不是完全了解，第一次做对是有猜的成分在里面。你看，检查的时候，你用心一步一步去算这道题，结果算错了。所以，这也算是一件好事，发现了自己知识上的漏洞，你可以及时补救，不是吗？'

　　"女儿被我说得心服口服，保证下次再也不会犯这样的错了。"

　　楼上那位妈妈听完我这番话，有些不好意思地点了点头。

　　粗心马虎并不是小事，看似下次注意就可以了，实际并非如此，因为下次孩子一定还会在别的地方马虎。当孩子说自己只是因为粗心没有做对时，家长就应该严厉指出问题所在，让他及时改正毛病。

以小见大，一个马虎大意的孩子永远无法获得很大的成功，但凡事业有成的人，对待每件小事都能细致入微。改正粗心马虎的毛病，对孩子的一生都是有帮助的！

连线外交官，明白"中国最棒"

晴儿小时的理想就是做一名外交官，而她最佩服的外交官是周恩来。

不知从何时开始，中国外交官成了迷倒万千少女的偶像，他们气质好，往往随便一句话就叫人拍案叫绝。

"哇，爸爸，你看某某那一甩手，简直帅呆了，太有范儿了，太厉害了！"

每次看外交部的发言人答记者问，晴儿总是发出这样那样的赞叹，有时候找不到好的形容词，只能啊啊哇哇地大叫。

"爸爸，我也要做新闻发言人，我也要做一名优秀的外交官！"

直到初三毕业，她还坚持这样的伟大抱负。

鉴于女儿有这样强烈的愿望，我一直在考虑是否让她真的跟外交官交流一下，没想到机会很快就来了。

驻法国领事馆的一位外交官退休后回到老家太仓，我的一位朋友恰巧采访过他，就从他手里要来了外交官的电话号码。

"宝宝，你不是要做外交官吗？做外交官一定要达到某些先决条件，你能不能达到这些要求，先来帮你测一测。"

我先卖了个关子。

"怎么测呢？"

"请一位外交官跟你直接对话，你可以问问他。"

"怎么可能呢？爸爸，你别开玩笑了！"

晴儿露出难以置信的表情，一副我不是那么好骗的样子。

我笑了笑，拨通了外交官的电话，递给她。

"好，你可以和这位伯伯对话了，他曾是驻外领事馆的。"

晴儿将信将疑地接过电话，开始和真正的外交官直接对话。

"伯伯，听说您是一个了不起的外交官。我想向您了解一下，外交官需要具备哪些素养呢？"

女儿开门见山抛出问题。

"外交官不仅要具备很好的文化素养，更重要的是需要智慧，语言风格要能体现大国风范，因为他代表国家，每句话都是在为国家发声。如果你是一名外交官，那你说的每句话，在被别人反复揣摩的同时，更要经得起历史考验！你好好想想，你能做到吗？"

听到这样的回答，晴儿愣住了。她一腔热血要做外交官，是因为看中了外交官自信的谈吐与风度，压根没有想到这个岗位背后的意义、外交官的责任有多重大。

"哇，外交官原来是这样的啊？"

"那当然，你不能想说什么就说什么！你说的话必须严谨，经得住推敲，受得住拷问，同时还要争取我国利益最大化！你看新闻发言人说的哪句话不到位？他们都是说得滴水不漏，密不透风！"

外交官伯伯在电话里再三强调说话的智慧。

"哦，原来要这样啊！原来外交官没有想象的好当。"

女儿若有所思地点点头。

结束通话后，晴儿向我汇报："爸爸，我今天跟外交官通话后，真的学到很多。我觉得我不太适合做外交官。"

她迅速扭转了长久以来的理想，转变速度着实让我有些吃惊。

"你决定了？我跟你讲，你要做外交官，必须读香港中文大学，然后读北京外国语大学，再派驻到外交部实习。从北京外国语大学到外交部需要通过国家考试，国家要用你，可能派驻到国外领馆。如果绝对优秀，你也许可以当上新闻发言人。如果你决定继续这一理想，爸爸会想方设法支持你！如果你放弃，我也尊重你的选择。"

作为一个父亲，我不希望孩子在实现目标上多走弯路。这是我能想到的实现她的理想的最好方式。

"爸爸，谢谢你，我决定了。外交官不是想当就能当的。我觉得更有能力、更有智慧的人才能为中国说好话。我现在有新的想法了，我想去学经济。"

女儿轻松地放下了对外交官的执着，很快找到了新的兴趣点，就如小时候学钢琴一样。做最适合自己的事情，这何尝不是一种智慧呢！

"读书苦，学习累"，我愿意

由于读研的缘故，我经常需要出差，这导致我的时间安排十分紧凑，经常在各个城市之间飞来飞去。

女儿把我的辛苦看在眼里，不解地问我："爸爸，你看你都一把年纪了，为什么还要这么拼呢？"

"晴儿，有句话说得很好，人要活到老学到老！为什么我要积极地学习？因为社会变化太快了。爸爸处在现在这个岗位，假如不学习，不知道国际、国内社会动向，不知道社会发展到了什么阶段，那么就不知道该做什么事情、不该做什么事情。

"假如按照现有的文化，你认识几个字确实也能出去打工赚钱了，更多的知识又有什么用？其实并不是这样，乍一看你学的东西不一定马上就能派上用场，但你要知道，将来一定能派上用场！"

我语重心长地对她讲。

女儿疑惑道："此话怎讲？"

"举个例子，今天出去吃饭，你付钱用数学了，是吧，有没有用到语文、历史？没有！你看《一站到底》是不是语文、数学、历史、天文、地理都用上了？知识不是你想用再来学，而是在你储备以后，需要用的时候直接拿出来用，明白吗？"

"好像有那么点道理！"

晴儿一边思索一边点头。

"有人为什么学跆拳道，是为了打架吗？不是，是为了应急防身，更是为了强身健体！"

我觉得晴儿也该去学个跆拳道什么的，打磨一下自己。

"你要明白一个道理，学习是为什么，学习的诉求点在哪里。你不应该为学习而学习，而应该为需要用的时候，拿出来就能用上，为将来能更好地生存。你不学习，根本适应不了社会，最终会被淘汰。

"最近京东爆出来一条消息，要大量裁员，为什么？因为互联网时代已经不需要过多的人力了，很多事情都能用智能机器人来做。你知道富士康吗？本来在昆山的工厂有近两万名员工，现在裁员，仅剩下两千人，总部已经搬走了，为什么？因为劳动力成本太高，富士康全部改成机械化流水线。指挥那些机器，没有文化、没有知识行吗？如果有这么一个机会摆在你面前，你却因为没有能力而错失，是不是就会悔恨自己没有多读一点书？"

我突然找到这么一个倾诉对象，一时间十分激动，也不知道女儿究竟懂了没有。

这回她不说"有点懂了"，而是很肯定地告诉我："嗯，爸爸，我明白了！"

我相信女儿，明白这一点，她就能将自己的发展作为学习动力，为自己学习，再不会觉得读书苦、学习累了！

爱拼才会赢，耕耘自会有收获

当初，我写文章收取稿费，不像现在可以直接用微信、支付宝收款，而是要拿着稿费单跑到邮局去领。所以，我每次都是积了厚厚一沓稿费单后，再去邮局领钱。

好奇的宝宝晴儿指着我手里的单子问："爸爸，你拿这个东西干吗？"

"领钱啊！"

"这个东西居然能领钱？"

晴儿表示难以置信。

"当然咯，爸爸拍了照片，写了文章，然后被刊登了，就会拿到相应的报酬啊！那就叫稿酬。我手里拿的这个叫稿费单，凭这个可以去邮局领钱。"

我跟她解释了一番，她恍然大悟，咂了咂嘴："原来拍拍照、写写文章也可以赚钱啊！"

一拿到刚领的稿费，我就带着晴儿去买她最喜欢的水果。

她一边吃一边问："爸爸，我长大了去拍照片，是不是也有钱可以拿？"

原来见我用稿费单领钱，她眼红了。

我心里一乐，肯定道："当然可以啊，只要你拍的照片被人家采用了，人家肯定会付给你稿酬。"

"那我要拍什么照片，拍成什么样才能够被人采用啊？"

"拿爸爸来举例吧，爸爸是搞新闻的，那就得写新闻稿，拍和新闻相关的图片。如果写小说、散文，那就是投这类报纸杂志，只要你写得足够好，人家就会采用你的文章，刊登出来以后就会给你付稿酬！"

晴儿不停地转动着小眼珠。见此情景，我知道她马上会有更多问题抛给我。

"那如果写得不好、拍得不好呢？"

"那当然不会用你的文章、照片啊，不用就不会给报酬啊！"

我刮了刮她的鼻子，猜到了几分她的小心思。

"可是，我也付出了劳动，这些文章是我一个字一个字写的，照片也是我辛辛苦苦拍的，为什么我会没有酬劳呢？不是说付出一定会有回报吗？"

她非常不明白，因为从小受到教育，认为付出努力和汗水一定会得到回报。

我哈哈一笑。这个道理没错，也简单易懂，可晴儿不知道，只有努力和付出到一定程度才会得到回报，并非所有努力都有回报。

"比如，你给老板干活，老板说你干完了才能吃饭。结果你这个活死活没干完，老板还能让你吃饭吗？再举个简单的例子，你在做一道填空题，你的努力是你的计算过程和投入，而分数则是报酬。如果你算了很久，算了一大半，结果还是没有算出来，那这道填空题的分，你能拿到吗？"

女儿听了一愣，仔细思考后说："所以，有成果的努力才是真正的努力，才能得到回报，是吗？"

"对，没错。"

"哦，原来这样啊！"

她突然感叹："唉，爸爸，你也蛮不容易的，成天背个包冲来冲去，原来也不是所有拍的照片都能换到钱。"

我摸了摸她的头，告诉她自己当年在报社时，因为是新人，一个月才拿二十八元钱工资，并且照片选上一张才算一个考核分。这二十八元钱的工资，我领了整整一年。

"天哪！爸爸，你是怎么活过来的？这也太不人道了吧！"

晴儿惊呼，在她看来，这是一种没法坚持下去的日子。

"自己家种菜、种粮食啊，爸爸妈妈吃菜不用愁！其他开销一律能减就减……"

在与女儿对话的时候，我说得云淡风轻，其实一路上的辛酸苦辣只有自己才能明白。

"哇！"

女儿又发出一声五味杂陈的感叹，那是对付出与回报、风雨与彩虹的新认识。

当然，我最受用的就是那句："爸爸，你也蛮不容易的。"

还有什么能比这句话更令人感动呢？

"学习"让说话更有底气

我和女儿讲过很多关于学习的大道理，比如学习是为什么，是为了储备知识，为了有更好的生存能力等。当时晴儿接受了，过一阵子，她又跟我抱怨："哎呀，爸爸，读书好累呀、好辛苦呀！"

毕竟"纸上得来终觉浅"，孩子只是听我讲道理，对为什么读书没有直观感受。我好好反思了一下，决定把理论与实践结合，带她去体验一把。她自己深刻体悟到的东西，就能成为自己的收获了。

第一站，我带她去了粮食市场。那里人们熙熙攘攘，就跟菜市场似的嘈杂。

搬运工正在卸货，将一个个装满大米的口袋搬下来，用小推车运到店里。因为小推车数量不够，有许多人直接把口袋扛进去。在搬运工里，大部分是男的，也有不少女的，每个人都汗流浃背。

"爸爸，那个女的怎么这么厉害，扛了五袋米啊！"

晴儿发出不可思议的惊叹。在她的思维里，女人根本干不了这样的活。

"你看看她的腰，你看看她的脸，人家都瘦成什么样子了！宝宝，你以后想做怎样的人，命运全掌握在自己手里。"

晴儿抓紧了我的手臂。我不忍晴儿直视生活的艰辛，又不得不带她来目睹，否则难以让她彻底明白读书是为什么。

紧接着，我又带晴儿去了互联网办公中心。

那里窗明几净，一个个办公桌整齐有序。在空调间里，工作人员坐在电脑桌前处理各种事务，时不时喝一杯咖啡，翻看一下报纸。

"你看看他们是怎么上班的，又轻松又舒服，工资却是那些搬运工的十倍多！"

我指着里面的人告诉晴儿。

"知识有什么用、学历有什么用、文化有什么用，你明白了吗？"

"学习的知识，只有你学到了，才有资格说它没什么用。"

两者鲜明的对比让晴儿深有感触。她并没有立下多么大的誓言，此后每天回家就走进自己房间用心写作业，我知道她再也不会喊累了。

我想她彻底明白了。

恋上"朗读者"

晴儿因为《朗读者》喜欢上了央视主持人董卿。

2018年5月12日的那一期节目，讲述了一位妈妈将自己孩子的器官捐献出来挽救三个人生命的故事。

那个孩子叫张森沿，家住南充，才15岁，是一个阳光帅气的男孩。他学习成绩优异，品德良好，是同学们的开心果。

3月14日下午，张森沿放学回家后突然头晕、头痛、发热。病情不断恶化，以至于呼吸困难，他必须靠插管维持生命。

3月18日下午，张森沿被送到四川省人民医院神经内科重症监护病房。

从23日开始，孩子失去意识，陷入深度昏迷。

经过全面细致检查，省医院专家判断张森沿颅内严重感染，导致深度昏迷，无自主呼吸和瞳孔反射，已经走到生命尽头。

悲痛之余，张森沿的父母做出决定，在儿子离世后，捐献出他身上的器官。善良的妈妈只有一个单纯的愿望，让孩子的器官还活着，让生命得以延续，这样自己就能多一些念想。而张森沿本身也是器官捐献的受益者。

2017年2月，因为患有角膜白斑，张森沿接受了角膜移植手术，这才恢复了视力。正是因为这个原因，张森沿的母亲做了上面的决定。

当时，女儿和妈妈坐在沙发上看节目，看着看着，眼泪就默默地掉下来。

我问女儿："宝宝，你是关注朗读的内容，还是更关注朗读者背后的故事？"

"爸爸，不瞒你说，我觉得董卿在跟他们对话的时候，内涵很深的！"

"比如说……"

"他们说的话、讲的意思，还有我们所能悟到的人生哲理，并不是朗读一段文字可以再现的！他们的孩子去世了，还能把器官捐献出来。爸爸，你知道这种伟大是什么概念吗？"

女儿颇有感触地问我。

"什么概念？"

"这就叫大爱无疆！"

她握紧拳头举在胸前，眼中带着崇敬，出神地看着远方。

我连连点头，心想，看电视还能看出收获来，就该多做一些这样的电视节目让孩子们看。

"这样吧，只要《朗读者》还播，爸爸在家里，每期都陪你看。我们一起来解读朗读者背后的故事。"

"哦耶！好的！"

晴儿开心得蹦了起来，比画了个剪刀手。和爸爸一起看电视，当然好了。

除了看《朗读者》外，我有时候还会和晴儿看《新闻联播》，了解国际、国内大事。懵懵懂懂的她并不能全然理解背后的深意，而这对她有很好的导向作用。孩子看电视并不是坏事，而看什么、怎么看、看多久非常重要。父母应该给他们一些积极的引导，带孩子接触一些正能量的节目。

我希望晴儿能到现场观看一期《朗读者》，也希望有朝一日，她能成为"朗读者"的一员。

偶像竟是"5分博士"

自从参加大赛获奖，去北京参加完夏令营回来之后，晴儿开始跟我频繁地提一个人的名字。那是她交的一个新朋友，叫于宁。

"这个朋友，你为什么要交呢？"

女儿眉飞色舞地告诉我："她可厉害啦，创造了很多奇迹！现在，她可是我的偶像，值得我一辈子去学习！"

我大吃一惊，暗想：爸爸都没有被你列入一辈子学习的偶像名单。去一趟北京，回来居然有一个这么崇拜的对象了。

"她有哪些地方值得你崇拜，说来听听。"

我对此人顿时有了很大兴趣，想了解一下究竟何方神圣，这么快俘获了晴儿的"芳心"。听完女儿的介绍，我对此人立马肃然起敬。

原来，这位于宁姐姐就是夏令营的带团老师，一个曾经数学只考5分的孩子，最后通过自己努力成为高考状元，考入清华大学，成为博士。此人果然来历不凡，值得膜拜。

在小学时期，于宁几乎是倒数第一专业户，考过的最低分数是5分，初中没能去重点中学。

上初中时，有一件事让她触动很大，从此有了历史性转折。

于宁是个女孩子，性格却很像男生，大大咧咧。在某次考试又不理想后，校长对她说："于宁啊，你是我们学校出了名的好学生！"

"校长，就算我成绩不好，你也不用这么讽刺人吧！"

这话在于宁的耳朵里就是讥讽。

校长很肯定地说："那是因为你还没有努力，你如果将潜力爆发出来，一定是个奇迹！"

"啊？真的，我也能被称为奇迹？"

于宁第一次听到有人如此肯定她，第一次听到有人觉得她可以成为奇迹。

校长非常肯定地点点头。

也许校长只是给孩子一点鼓励，并没有真的预见到于宁有潜力。但是，这句话却给了差生于宁无穷的动力，她的希望之火被点燃。从此，她奋发努力，竟然真的验证了校长的话，成为奇迹。

这个奇迹至今还在她当时所在的学校传颂。

"不错不错！你的偶像太厉害了！"

我竖着大拇指，表扬女儿选对了偶像。

"她确实可以成为你膜拜的对象！爸爸刚才还担心你找了个什么榜样呢！"

"于宁姐姐数学才考5分，最终都能考得这么好，那我至少比她小学那时强吧？宝宝一定可以更厉害！"

她握了握小拳头，好"女儿"志在四方的模样让人忍俊不禁。

"当然！宝宝一定可以更厉害！爸爸给你一万个赞！"

任何时候，我总是给她满满的鼓励。

确实，在之后的学习中，于宁给她带来了很强的动力。每次想偷懒的时候，她都会拿于宁来给自己加油。很多孩子崇拜歌星、影星，晴儿却选择了一个励志的学习典型作为偶像。我这个家长可以少操心了，这令我倍感欣慰。

塞加内说过："教诲是漫长的道路，榜样是捷径。"

作为家长，需要关心一下孩子崇拜的偶像，究竟是不是一个好榜样。在我看来，这是很有必要的。好榜样的作用，也许胜过家长的无数唠叨。

一次关于奇迹的对话

电视节目《超级演说家》第二季的冠军刘媛媛，她的演讲《寒门再难出贵子？》一时间成为社会热点。一个出身寒门的小姑娘，三次逆袭，这是多么励志的故事！

那天，我和女儿谈起了此事。

"爸爸，这都是个案！中国人口这么多，14亿人哪，这种人都是个案。这个概率，比我去买彩票中五百万的概率还大一点呢！"

女儿很快得出了结论。

"人家能创造奇迹，你为什么不能呢？"我反问道。

"人家是人家，不要老是拿我和别人比，行吗？这是两码事！"

"是吗？我给你讲个故事。有个山村妇女，她没有文化，大字不识几个，却把一个女儿和一个儿子分别送进了清华和北大！为什么会有奇迹？奇迹都是人创造的！"

这个故事并不是我随口说的，而是新闻媒体确实报道过的一个真实人物。

晴儿顿时来了兴趣："爸爸，她究竟怎么做到的呢？"

"陪伴！极致陪伴！"

我感觉自己很用心地在教育孩子，也很用心地在陪伴孩子，可在讲述这个故事的时候，还是自叹弗如。

这个农村妈妈，每天给孩子做两件事。

第一，保证孩子回家有可口的饭菜。对他们家来说，不过是有那么一点荤腥。

第二，那就是陪孩子读书、做作业。在培养孩子上清华、北大的过程中，这位母亲翻了一千多本书。

"不对呀，爸爸！她不是不认识字吗？"

女儿质疑。

"对呀，你问得好！就是她大字不识几个，所以才翻了一千多本书。对于不认识的字，她就问孩子。她还拿笔做标记、做笔记。后来，她的孩子都说：'妈妈，你不用陪我们做作业了，我们自己会认真做的。'她还是坚持陪孩子看书学习。她说孩子在学习，不管是不是认识字，我都要和他们一起学习！"

就是这句话，让她的孩子一直在不断坚持努力。他们的妈妈给他们做了最好的榜样。最后，这位没文化的农村妇女亲手创造了奇迹，把儿子和女儿都送到了中国最好的学府。

这种毅力、这种坚持，让我深深感动，也让女儿动容。

"哇，爸爸，他们太伟大了！"

"所以，晴儿，媛媛姐姐可以创造奇迹，这位妈妈可以创造奇迹，于宁姐姐可以创造奇迹，我们也可以！我们一起努力，下一个奇迹一定会是你！"

我给晴儿打气，希望她可以给自己信心。

晴儿点了点头，很坚定地给我做了一个"OK"的手势。

不论今后是否真的能像刘媛媛、于宁，或者像那个山村母亲一样创造奇迹，我都要给她满满的信心。我要让她知道，她完全可以超越现在的自己。不断超越自己，站在一个新的高度，这又何尝不是奇迹呢？

青春路上的"那些事"

孩子的情绪往往能够清楚直接地反映孩子的心理状况。作为一名合格的家长，我非常关注晴儿的情绪状况，她的喜怒哀乐，我都会注意到。

有一天，我发现孩子回到家时神情有些恍惚。

"晴儿，怎么了？最近在学校发生了什么不开心的事吗？"

"啊，没有，没事，都挺好的。"

她一愣，没想到我会突然这么问，一时有些不知所措。她艰难地挤出一个笑脸，装作什么都没发生的样子。但是，我敏锐地捕捉到了她眼神中的不安。

我嗅到了一丝异样，可不知道为什么。接下来几天，我格外上心，发现自从那日开始，晴儿做作业常常会愣神。我和老师聊了一下，发现晴儿上课也是如此。她突然从一个活泼开朗的孩子变成了现在这个不愿发言、不想说话的孩子。

怎么会突然变成这样呢？晴儿到底遇到了什么事呢？

晴儿不肯告诉我事情经过，我只能从老师那了解情况。可老师也不清楚究竟发生了什么，只是模糊地告诉我，好像是因为和一个男孩子抢什么东西，发生了矛盾。

百般无奈之下，我只得找到当事人，亲自了解情况。

男孩子明显吓了一跳，支支吾吾地跟我说，他并没有和晴儿打架，只是给晴儿写了一张纸条，她没接受。于是，两个人推搡了一下。

"纸条上写了什么？"

我不禁有些好奇，究竟什么内容使女儿发生如此大的变化。

男孩子的脸突然变得通红，摇了摇头，无论我怎么劝，死活不肯说。

我也是爱女心切，和他唠叨了许多晴儿的事情，希望他能帮助我让晴儿恢复正常。最终，他还是向我坦白了。原来是这样，在情窦初开的年纪，男孩子写了几句对晴儿表示好感的话，希望与她的关系进一步发展。晴儿却认为他们还小，不应该谈情说爱。在她的眼里，这个男生是个很优秀的学生，却做了这样一件不应该做的事情。所以，她有些疑惑，是否自己看错了人。

一颗提着的心终于放了下来，我拍了拍男生肩膀说："你去跟她道个歉呗！"

"我道过歉了，可是她不接受！"

男孩子委屈地对我说。

我明白了，晴儿一定又钻进了牛角尖，一时半会儿没法出来了。

为解开孩子的心结，我放下工作，想了种种办法。

例如，带她去看电影、听名家讲堂、逛街，但一点效果都没有。她不感兴趣，继续沉醉在她的世界里生闷气。

有一天，我在电脑上看北大学生刘媛媛名为《寒门再难出贵子？》的演讲。晴儿突然被吸引过来，问我是谁在演讲。

我赶紧一把把她拉过来，给她介绍起刘媛媛来。

听完演讲，晴儿对刘媛媛佩服得五体投地。

我趁热打铁，借此机会开导她一番："晴儿，爸爸知道你为什么会生气。可是，你要知道，只有自己优秀了，才会遇到更优秀的人。你放弃自己，不努力了，凭什么要求别人更优秀？你看你现在这个状态，老师都替你着急了。你自己怄气，不从牛角尖出来，成绩一定会受影响！你看刘媛媛，她就是一个典型的寒门出生的人，因为努力，如今的她是如此优秀，而她身边的人会差吗？"

晴儿盯着电脑视频里的刘媛媛，默默地点头。

对女儿这样的情况，我真的十分担心，但又不能向她表现出我的担忧。刘媛媛的演讲竟神奇地把晴儿从死胡同里拽了出来，她的心结也就这样打开了。

青春期的孩子会变得敏感多变。在这个时期，父母更需要关注孩子情绪中点点滴滴的变化。但凡出现任何偏差，家长没能及时处理，很可能就会影响孩子一辈子。

这件事是晴儿成长路上的一块小石头。通过各种方式，我终于帮她踢走了那块石头，跨过了障碍。在陪伴女儿成长的同时，我也发现，人生路上还会有无数这样的挡路石头，还会有这样那样的磕磕碰碰，只要我们坚持信念、努力克服，一切都不成为问题。

让自己成为会"说话"的人

说话是一门非常高深的学问和艺术，一个懂礼貌而又健谈的人往往会得到他人的欣赏与赞扬，人人都愿意和他做朋友。

晴儿要写一篇有关经济学的论文，我委托朋友联系了一位经济学大师对她进行指点。

这天晚上，晴儿开始给那个老师打电话。

"不好意思，老师，这么晚了还打扰您，我要写一篇有关经济的论文，想向您请教一番。"

那位老师晚上九点多刚下课，还没吃晚饭。

"不用跟我客套。你写的论文多少字？"

"一千五百字！"

"一千五百字能说明什么问题？"

他反问。

"老师，你觉得我写什么主题比较好？"

"你是想听听我的意见吗？"

"是的！"

"那好，我给你几个方向。我觉得你写共享经济比较好。为什么？因为你可能进剑桥学习。共享经济在全球都是很热门的话题，如共享单车、共享书籍，你去研究一下，多收集一下数据。还有什么要说的吗？"

老师简明扼要地提出建议。

"老师，听君一席话，胜读十年书，如果可以的话，我想见见您！"

"你老爸说行就行！"

老师语速很快，说话极其精简。

"小朋友，你还有什么问题吗？如果没有，我们今天的沟通就到此为止！"

"我想，能不能请您给我改一下论文，等我写好以后！"

"给你老爸就行！"

谈话结束。

晴儿难以理解地问我："爸爸，这人说话怎么这个样子？我膜拜他，对他很有礼貌，可他怎么这样说话呢？总是你爸你爸的，为什么都要通过你呢？"

我说："你记住一句话，吃水不忘挖井人！爸爸就是那个给你挖井的人。来，我给你分析分析。首先，这位导师是爸爸通过各种关系才让你认识的。其次，他说的也没错呀，你能找到他吗？只有我能找到他。最后，再说了，他是你想见就能见的吗？你要去，肯定也是爸爸陪你一起，还得提前和人家约好，你说是不是？"

"哦！"

女儿点点头。

"不是我介绍什么给你，就是你的资源了。你凭什么能和他交谈二十五分钟？你是谁呀？如果换成我，我会说老师，下次我爸爸来拜访你的时候，如果方便的话，我能跟着一起来吗？而不是直接说你想去见他！"

晴儿深有感触道："哦，还是爸爸高明！"

"我们人生中会遇到各种各样的人，也会遇到各种说话的场合。这个导师说话简短，因为他没有时间跟你废话。对不同的人，该怎么说话，这就是说话的艺术；通俗说，这就是规矩！"

精通说话的艺术，也是一门生存之道。这需要时间，需要阅历，需要历练。我很不客气地告诉女儿她说话的不妥之处，并不是为了打击她，而是要让她知道什么叫会说话，而不是说废话。

每个孩子都属于国家和民族

国家和民族，这两个词似乎离我们很远，却又离我们很近，离晴儿就更近了。

事情要从女儿参加雅思考试说起。因为晴儿申请去剑桥留学，必须取得雅思考试7.0分以上的成绩。每次雅思考试，通过率只有30%。晴儿两次考雅思，成绩都是6.5分。

"爸爸，我想过雅思，可压力好大！为什么要有英语这门课程？"

有一次，她很抓狂地这样问我。

当时，我觉察到两次失败的考试对她来说是打击，也是不小的挑战。

为给女儿增加自信，我带她见了一位剑桥的面试官。

两人对话之后，面试官说晴儿的英语水平进剑桥完全没有问题，交流很顺畅。

但是，知道晴儿的雅思成绩后，面试官说了这么一句话："我是来自剑桥的面试官，我代表英国，代表剑桥，我是有话语权的。但是，你是中国的一员，你要来剑桥读书，你就代表中国。"

晴儿并没有领会其中的意思，而我却明白了对方的言下之意。晴儿要去剑桥读书，必须遵守剑桥规定，雅思考试成绩必须过7.0分。

当晚，我的心情异常沉重，既因为女儿考试失败，义因为面试官的话。

"宝宝，我发现你不是我女儿！"

我在车上茫然地说。

"爸爸，你脑子糊涂啦？我不是你的女儿，那是谁的女儿？"

晴儿并不知晓此时我的思绪，惊讶地反问。

"爸爸让你平安到了这个世界，给了你健康的身体，你就已经是一个完全独立的个体了，你不仅属于爸爸妈妈，更属于国家和民族，因为你代表国家，代表民族！"

我缓缓地说，用一种从来没有过的严肃语气。

"宝宝，你要记住，爸爸能给你的，绝对不会保留；爸爸不能给你的，你想要，只能通过自己努力去得到！雅思必须过，这不是我说的，而是规定！"

"哦，那个面试官说过，你到哪个国家就要遵守哪个国家的规矩！"

晴儿终于明白了我的意思。

"爸爸妈妈培养你，难道是为我们个人在培养吗？为我们这个家庭在培养吗？"

"是吧？好像也不是！"

　　"所以，你去剑桥读书不是代表个人，更是代表国家。学得好不好并不是你个人的事情，往大说，这与我们国家有关系。你有这个责任啊！现在是爸爸出钱供你上学，你学成以后所做的一切，都是在为社会发展进步去努力！"

　　女儿听完，对我直吐舌头："爸爸，你好深奥啊！"

　　"不深。但是，在不在理呢?"

　　"在！"

　　"能不能认可！"

　　"认可！"

　　女儿坚定地点头，然后情不自禁地说："爸爸，我爱你，我也爱中国，爱我们这个民族！"

　　我会心一笑，心想下次雅思考试应该能过了。

与人交往，礼貌先行

自从我有意识地培养晴儿的道德品质以来，她不仅开始处处讲礼貌，还把礼数周全和如何处理好人际关系联系到了一起。

"这叫什么，这叫识时务者为俊杰！老爸，我相信到了陌生地方，我的适应能力一定超强，因为我会把人际关系搞得特别好！"

虽然胡乱使用名言，但对她说的话，我还是非常认可的。人际关系好坏无疑与一个人的道德品质和礼貌程度有很大关系。

晴儿告诉我，她在山东曲阜国学院就是凭借"沟通能力"认识了一个马上去北大的姐姐，还和她成为好朋友。

其实，我知道，她是眼馋人家的饼干才主动上去攀谈。

"姐姐，你的饼干看起来好好吃呀！"

多日只能以自己的饼干充饥的晴儿很想改善一下口味，流着口水的她都不知道怎么说话了，一上来就把意图暴露得如此明显。

"那你拿去吃吧！"

人家扑哧一笑，十分大方。

"不行不行，这怎么好意思！我用自己的饼干和你换吧！"

晴儿指了指自己的零食。

于是，两人的交谈就从换饼干开始了。

"姐姐啊，我们都是学英语的，能不能聊聊啊？"

"聊什么呢？"

那个女孩子多少有些傲气，一开始对这个冒失的小丫头很不以为然。

"聊聊我们的理想、人生目标啊！"

晴儿不卑不亢地回答。

"我马上去北大读书了，英语不过是来进修一下！你有什么梦想啊？"

"哦，这样子啊，我也马上去剑桥了！"

对方一听，这个小丫头要去剑桥了，立马态度大转弯。

"真的？"

"真的，我最快明年就要去剑桥了！"

晴儿很自信。

　　"那你最想做什么？"

　　"我想做银行行长！"

　　这时候，晴儿已经改变了做外交官的梦想。

　　"哎哟，小妹妹，你还挺有理想呀！"

　　大姐姐竖起大拇指。

　　"不是啊，我只是在想嘛！只是想想而已，不过有梦想总比没有梦想好！"

　　……

　　几番交谈下来，两个人越聊越投机，最后成了好朋友。

　　女儿感谢我说："爸爸，我要谢谢你，教会我做事要有礼貌。一个有礼貌的小孩才会到处受欢迎，一个很自以为是的小孩，对不起，这个社会真的不欢迎。"

　　礼貌对于搞好人际关系的用处太大了，这是她得出的结论。

　　这话从女儿口中说出，我倍感欣慰。但是，我还是半开玩笑地提醒她："不是所有人都是好人哦！小心被人卖了，还给人家数钱呢！"

　　"老爸，这点分辨能力我还是有的。"晴儿笑嘻嘻地冲我扮了个鬼脸。

　　教育的最高境界，我想就是授之以渔。让孩子能够举一反三，自己去挖掘更深层次的道理，这才是真正优秀的、有效的教育方法！

　　最基础的，我想就是孩子的品德，毕竟没人会喜欢一个不知礼数的孩子，不是吗？

微信红包成就"理财大师"

智能手机的普及大大改变了人们的生活。在夫人生日时，我给她发了个红包祝贺。此后，晴儿对微信红包产生了浓厚的兴趣。于是，我开始教她如何使用。

"爸爸，你给我发红包，我能用不？"

"当然！"

"那你给我发一个看看呗！"

她开始撒娇。

抵不住她的"磨功"，我给她发了一个十八元钱的红包。

不料，这就像打开了潘多拉的魔盒，一发不可收拾。

从此，晴儿想方设法地来讨红包。

"爸爸，你看我今天表现是不是很好啊？"

"嗯，不错！"

"那发个红包呗！"

我随手给她发了一个。

她也会找各种理由向她妈讨红包。

"妈妈，我陪你逛街，你开不开心啊？"

"开心！"

"那赏我个辛苦红包呗！"

本着对女儿的信任，我从来没想过晴儿的红包究竟积累了多少钱，也没有追问她要红包干什么。

有一天，我们一家三口例行去电影院看电影，她突然宣布："今天谁也不要跟我争，我请你们喝饮料！"

"你有钱吗？"

我笑着问她。

"我有红包啊！"

她笑嘻嘻地回答。

"就十八元钱的红包……"

我愣在那里，一时没有想起她其实后来要过好几回。

她很得意地给我看她的微信钱包余额，没想到那里面竟然有一百多元了。

又有一次，我们收到一个当当网的包裹。我和夫人都没有买书，一看名字，是晴儿的。

我问她钱从哪里来。

她振振有词道："用红包里的钱啊！老爸，你放心，我绝对不会乱花的。而且，反正我不自己买书，你们也要帮我买，还不如我自己买了。这个钱自己花出去，我才有感觉，和你们给我花钱买不一样。虽然这个钱不是我赚的，但看着数字在变小，我也蛮紧张的！而且，我自己买的东西，会更加重视！"

哎哟，她还知道理财了。

看来，让孩子有一点经济的自由权利，不是坏事。让孩子对自己拥有的资金进行处理、规划和使用，有助于他们形成正确的财富观、消费观。这样，他们会明白钱是怎么来的，价值又是怎么来的，能让他们体会到父母辛苦工作的不易，还会体察劳动者创造财富的伟大。

有时候，她也会给我发红包，如父亲节和生日。当然，多数情况下，这是小鱼钓大鱼，我需要回礼。别看小小的微信红包，它在我们家庭成员之间常来常往，为增进大家感情、促进家庭和谐，做出了不小的贡献！

"干家务"是门技术活

说来惭愧，堂堂七尺男儿，我在家饭来张口、衣来伸手许久了。

平时在家，夫人一手把家务都包了。有一天，我听到彩林在做家务时发了不少牢骚，这才意识到这个家是大家的，我们都有义务做家务。

心中谋划已定，我便立刻找女儿商量。

"晴儿，我觉得咱应该制定一项家庭值日计划，每个人轮流值日。家务都让妈妈一个人做，太不公平了！"

晴儿连连点头："嗯！老爸，我们英雄所见略同，我早就想这么做了！"

根据每人的时间，我们最终定下来的安排是这样的：星期一，妈妈值日；星期二，爸爸值日；星期三，晴晴值日。然后，重复循环，爸爸出差顺延。

那天彩林中班，我们父女俩就在家里拖地，抹地板。我拖地，晴儿抹地板。她说这样合作，干活不累。

我们热火朝天把活干完了，等着夫人回来表扬一番。

结果，夫人一回来就指着地板问："今天谁拖的地？"

女儿汇报："我……我倒的垃圾。爸爸拖的地，我抹的地板！"

"做完了吗？"夫人问。

"早就干完了！"

女儿喜滋滋地等着接受嘉奖。

"你们看看地上这些大脚印、小脚印。你们是怎么拖地的？"

夫人指着地上，我一看，果然有好多脚印，大大小小，杂乱无章，还不如不拖呢！我顿时冷汗涔涔，细细一想，这好像是我们拖地的时候去阳台取水留下的脚印。

女儿和我面面相觑，都有些不好意思。第一次值日，质量这么差！

"老爸，那怎么办啊？"

"我们看看妈妈是怎么做的吧。"

我指了指我们的"老师"。家务做不好，向老师学艺是个可行的办法。

经过观察，我们发现"家主婆"干家务真的很有一套。比如，她先清理厨房，准备两块抹布，一干一湿，用湿抹布擦完，立即用干抹布擦干。根本不用走回头路，也不会在地上留下脚印。客厅放在最后收拾。而垃圾呢，是在拖地之前就收拾好了，这样就不会拖完再去收拾垃圾袋，又走回头路。

"爸爸，我们两个人都干不过妈妈一个人呀！"

女儿啧啧称赞，对妈妈的崇拜如滔滔江水绵延不绝。

"你学到了什么吗？"

我问，其实我也在学。

"嗯！我学到做事要有规划，不做无用功，不做重复的事情！"

她把妈妈将抹布放在哪个位置都记下来了。

经过这番学习，我和女儿终于学会了她妈妈做家务的流程。我们越做越顺手，"检查专员"再也挑不出什么毛病了。此后，大人就不再吝惜对我们的褒奖之词了。

住校之后，晴儿又把这套流程运用到宿舍的整理中，其高效、高质量的做法让其他人望尘莫及。晴儿从中学到的不仅是做家务，还有自理、自立的能力，这是一种良好的生活习惯。

"多亏家庭值日制度，多亏爸爸妈妈平时训练我做家务，要不然我和别的同学一样，周末会拿回家一堆脏衣服。"

每当看到周末接孩子的父母拎着孩子的一包裹脏衣服时，女儿总会俏皮地吐一下舌头。

"当然，你学会的东西，都不会白学，包括家务！"我指了指脚下说。

是啊，一屋不扫，何以扫天下？

换床的"滋味"，你懂的

从小到大，晴儿都住在家里。然而，到了星海中学国际班，她就要开始在学校住宿的生活了。

晴儿一直在父母身边，没有尝过住集体宿舍的滋味，对住校生活满怀期待。

"哦耶，我可以住校咯！"

她兴奋地收拾行李，以为离开爸爸妈妈以后可以独立生活，自由自在了。

我看在眼里，笑在心里。不出七天，新鲜感一过，她就会想家了。

晴儿的床铺是一号床铺，上面的是床，下面是书桌。开学第一天，她忙着擦桌子收拾自己的小天地，忙得不亦乐乎，临走还非常愉快地目送我和她妈出了校门。反倒是我俩，女儿不在家的第一晚竟然还有些不习惯。

过了一个星期，没见有啥异样，有些出乎我的意料。不过，我也开始放心了，看来女儿的学校住宿生活很愉快。

岂料半个月过后，我便从她的话里面听出了一丝端倪。

"爸爸，其实住宿挺好的，每天过得很有规律，又可以和同学一起去上学。但是，我和你们在一起这么久了，我们有感情，对不对？再说，我应该和你们多交流。你看我总能在爸爸身上学到很多，对不对？"

她话里有话地说了一大堆。

我故意问道："你啥意思啊？"

"这样吧，本来星期六你来接我，星期天送我，对不对？现在你不用星期六来接我了，星期五晚上就可以来接我了，反正星期六就放假了。"

铺垫这么多，原来就是想在家里多住一晚。

我心一软就答应了。

"爸爸，住宿真的很锻炼人。可我觉得不管怎么样，跟家人在一起更幸福！"

过了一阵子，她又开始打感情牌。

我敏锐地嗅到了一丝不安的气息，赶紧堵住她的嘴："宝宝，住宿是你走向独立的第一步。人都会走这一步，谁都需要走出这一步。你看住宿生活这么有规律，不是很好吗？"

"爸爸，你看我不久就要出国了，以后你们要想我，可就不像在苏州这么方便了。我们现在还不一起多待会儿、多聚聚吗？"

晴儿又做了一大堆铺垫，说到底还是想在家再多住一晚。原本要在星期天早上去学校，为在家再多住一晚，就算星期一很早爬起来，她也非常乐意。

"宝宝，你这个样子不对啊！"

看着晴儿得陇望蜀的模样，我赶紧让她打住。那么大早起来，毕竟对我也是个严峻的考验。

"爸爸，我对你们爱如潮水，滔滔不绝！跟你们在一起，吃饭都比外面香不少……"

经不住软磨硬泡，我又一次缴械投降。

虽然对家恋恋不舍，但经过两年的学校住宿生活，晴儿独立能力依旧有了大大的提高。

开始，她时常羡慕那些走读生，天天都能睡在家里。我跟她算了一笔账，如果她也走读，我们浪费在路上的时间累积起来是一个巨大的数字。后来，她打消了这个念头，渐渐想明白，住校将为她以后的留学生活打下坚实的基础。

那时候，我相信她将会无比感恩这段时间的锻炼，无比感谢我们坚持要她住校，没有把她养成温室里的花朵。

会"咬人"的碗

晴儿是个好奇的宝宝，没干过的事总想自己尝试一下，比如洗碗。

她美其名曰做家务，要给爸爸妈妈减轻负担。

这不，趁我们在外工作，她一个人在家，就撸起袖子，学妈妈洗碗的样子干起来了，想着还能赢得口头表扬。

没想到，她第一次洗碗就洗出事情来了。

有个碗有个豁口，她没注意，把手割伤了，洗碗池到处是血。

接到电话的时候，我正在往家赶，还有半小时到家。那时候，夫人彩林还在上班，没到家。

"宝宝，你看看家里有没有创可贴。"

晴儿没找到创可贴。

"那你先涂点牙膏，找块布把伤口包一下，爸爸马上到家！"

我顺路买了创可贴，火急火燎回家。

晴儿正在用纸巾擦伤口，沾满鲜血的纸巾扔了一地。

"爸爸，牙膏止不住血！"

她眼泪汪汪地告诉我。

"你现在有什么感觉没有？"

"我有点头晕！"

我连忙给她冲洗伤口，用酒精棉消毒，给她止血，包扎好伤口。

好心办了坏事，晴儿挺委屈。我没有责备，一直在安慰她。可是，彩林一回来，见她洗碗洗成这样，那脾气就上来了。

"谁让你洗碗的？洗碗还洗成这样？"

我见夫人这架势，怕又得训晴儿一个小时，连忙把这个火药罐子劝走。

"宝宝洗碗没有错，但它是有风险的。碗口有豁口，你洗的时候要当心，最好戴手套。如果是玻璃杯有豁口，说不定伤得会更严重。另外，你年纪太小，你想洗碗帮爸爸妈妈分担家务，爸爸很赞同，但现在还不行。爸爸认为你可以了，在爸爸妈妈监督下，你才能做这个事情，知道吗？"

我摸着她的脑袋，语重心长地告诉她如何规避家务中的风险。

"你可以洗洗袜子、洗洗你的小衣服，当然用手洗就行了。你还小，洗衣机不会用，洗衣机也充满风险。如果它在工作，你千万不能把手或者脚伸进去。你想做什么家务，第一次都让爸爸看着你做。"

"嗯！"晴儿用力点了点头，脸上还挂着些许委屈的泪珠。谁能想到自己会好心办坏事呢？

但是，这并没有打击晴儿的热情。此后，晴儿学会做什么都先要保护好自己。

尽管为洗碗割破了手，我还是鼓励她学做家务，用更安全的方式去做。她也学会了思考：做这件事会产生什么危险吗？有什么办法能避免吗？

很多父母不让孩子插手家务，第一怕孩子做不好，第二怕有危险。其实，这样并不完全正确，重要的是用对方式，毕竟培养孩子独立生活的能力是非常有必要的。

上初中时，晴儿就住校了。当别的孩子在周末大包小包地把衣服拎回家扔给父母洗的时候，她早就自己洗完了。毋庸置疑，晴儿的成长比我们想的要快……

忘带学习用品，另类门牌上岗

"哎呀，不好了！"大清早，我便听到晴儿大叫不好。

"爸爸，你赶紧送我去学校，我要迟到了！"

哦，我还以为怎么呢，原来起晚了，倒是把我吓了一大跳。

时间确实来不及了，晴儿连早饭都没吃，就慌慌张张地让我送她去学校。

孩子贪睡，情有可原，每个人都是这么过来的。我表示理解，并没有责骂她。

谁料，第二天，她又睡到很晚才起来，那副表情和昨天如出一辙。

"爸爸，你送我吧！"

晴儿可怜巴巴地望着我。她妈妈觉得不能助长她这种不良风气，已经三令五申不让我送她去学校了，说是要让她明白赖床的后果。所以，她只得又偷偷过来哀求我了。

看着她那副可怜的模样，我心一软，又给她当了一回车夫。

一路上，她不停地打哈欠，我忍不住问她：

"晴儿，你晚上在干吗？怎么睡这么晚！"

"我在看书啊！"

她打着哈欠，仿佛很无辜地回答我。

原来是她买的各种文学书籍，把她的魂儿都勾去了，让她看得废寝忘食。

"晴儿，爱看书是好事，但凡事都要有个度。就算明天不上学，你也应该有合理的作息时间，更何况第二天还要上学呢！这是最后一次，你要再这样，爸爸不会送你了！"

我给她亮了底线。我很爱她，可不会纵容她，因为一味地纵容最终会害了她。

晴儿吐了吐舌头，很识相地向我保证以后再也不这样了。

说到做到，是我家晴儿的一大优点，和我保证之后再也没有出现过类似情况。

可是，老毛病刚改掉，她又患上了丢三落四的新毛病，上学不是忘带这个，就是忘带那个。最糟糕的一次，她把语文书忘记在家里了。

夫人生气了。

"读书读书，书都忘在家里了，读的什么书?！"

我一边忙着给她降火，一边偷偷把语文书塞进公文包，准备给孩子送去。毕竟上课借人家的课本也不太好。

"爸爸，谢谢你给我送书！我一定会想办法让我不再忘带东西！"

不等我亮底线，她已经主动表示要向丢三落四宣战了。

"好的！爸爸相信你能克服这个毛病。"

我鼓了鼓掌，为她的决心点赞。

晴儿自己动手做了一个小纸板，挂在自己房门上，上面用黑笔写着大大的几个字："请勿忘带东西！"只要一开门，她就能看见这个警示牌。

"这是效法鲁迅先生啊！"我笑了。

我暗自赞叹，她想的办法其实不错。果然，这个毛病很快改好了。

从小到大，晴儿一直走在改正缺点的路上。有时候，父母适时亮出底线是很有必要的。一味地宠溺孩子，只会让坏习惯愈演愈烈。必须让孩子明白自己需要承担任性或者粗心马虎造成的后果，这样他才会主动去寻求改正或者解决的方法。

作文"逆袭之路"

说来您也许不太相信，经常参加各种作文比赛并屡屡获奖的晴儿，曾经作文很差。

记得那一年，晴儿刚上三年级。

某天，刚下班的我接到老师的电话，要我去一趟办公室。

我怀着忐忑的心情来到学校。上了一天班，有些疲乏，我进老师办公室打了个招呼就自己找座位坐下来。

"哎哎，朱佳晴家长，你是做什么工作的？"

见我如此随意，那个胖乎乎的陆老师有些不悦。

"哦哦，我是记者，刚采访回来。"

"记者啊，蛮辛苦的哦！我跟你讲，你女儿作文十分差劲，严重影响她的语文成绩，拖我们班级的后腿。作为她的家长，你看怎么处理这个事情？"

可能由于我开始显得比较随意，加之晴儿作文确实不太好，老师的语气颇为严厉。老师批评的是女儿，我的脸上却一阵红一阵白地发烧。

从老师办公室出来，我垂头丧气地回家，憋了一肚子的火想发作。孩子却不见了，窗帘后面隐约有些异样。

果然，她就躲在窗帘后面。

"爸爸，你打我吧！我知道老师找你了……"

孩子探出头来，怯生生地望着我，眼睛像两只饱含水分的熟桃子。

我的心顿时软了下来，想起自己永远不打孩子的誓言。打能解决问题，能提高成绩吗？孩子成绩不好，我这个爸爸没有责任吗？

"爸爸不会打你！"

我尽量把语气放温和一些。

"真的?！"

晴儿难以置信，生怕听错一个字。

"真的，爸爸不打你！走，我们出去吃好吃的！"

那天晚上，我们在她最爱的绿杨馄饨店大快朵颐。晴儿的心情很好，胃口也不错。这一天，我没有说她什么。

然而，如何提高她的作文成绩，却成了我的心事。

第二天刚好是星期六，我拉着女儿去位于苏州司前街的文化市场。我们从一楼逛到二楼，买了她喜欢的几十本书，花了将近上千元。

"宝宝，爸爸给你一个任务：这些书，你必须在两年之内消化掉，不能买回来就放在书架落灰！"

这是作文很差逆袭的重要步骤——阅读。冥思苦想一晚上，我觉得还是得先打好基础。这个基础怎么打好呢? 靠阅读积累。

"嗯！"

女儿重重地点点头，像是许下一个庄严的承诺。

从那以后，晴儿便开始了她的阅读之路，我也成了陪读爸爸。我相信，有了我的陪伴，阅读计划会取得更好的效果。

果然，三个星期之后，女儿的作文水平渐渐有了起色。

两个月之后，我又接到了陆老师的电话。

"哎呀呀，不得了，你女儿作文进步太大了，今天都作为范文在全班读了！能问问你是怎么做到的吗?"

我能想象到老师的激动与震惊，同时也感到欣慰。女儿终于没有让我失望，阅读计划是成功的。在电话里，我告诉陆老师，我只干了一件事，就是去文化市场给她买了一堆书，每天陪她看，仅此而已。说得简单，可当我说出这些话时，内心却充满了骄傲与自豪。

通过女儿的作文逆袭之路，我越来越相信这个道理——世上没有笨孩子，只有没有找对学习方法，潜力还没有开发的孩子。对孩子使用暴力，永远不是提高孩子成绩的可靠方法。

苹果手机，好想自己"埋单"

因为拍的照片多了，晴儿的苹果4S手机存储容量日渐捉襟见肘。终于有一天，她跟我说要换手机了。

我说："你想换哪个呀？"

"当然是最新出来的苹果咯！"

她的要求倒是挺高的。

我一想，这又得好几千元呢，不如让她自己想办法去赚钱，体会一下赚钱的不易。

"爸爸现在没钱，你要换也可以，自己去赚钱！"

"好呀，那怎么个赚法呢？"

晴儿眼睛一亮，能自己赚钱，她当然很感兴趣。

我推荐了一个赚钱办法，那就是写文章。一些报纸杂志开设美文专栏，专门接受各种投稿，这也是她比较拿手的事。

因为要买手机，晴儿有了目标，所以就有爬格子的动力了。晴儿写作十分勤奋，只要一有时间，就会努力码字。她的文章，无论散文还是小小说，都写得很有灵性，也比较有深度。一件不起眼的小事，在她笔下娓娓道来，便成了一个动人的故事。因此，她颇受编辑们的欢迎。

于是，或多或少，晴儿攒了一些稿费。

我把这些稿费单子积攒起来，过一段时间就去领。慢慢聚沙成塔，晴儿有了一笔钱，但离买手机还是差很远。

随后，我又给她提供了一个存钱的机会。比如，生日礼物、过年压岁钱、平时奖励，她可以不要礼物，把礼物折算成现金存起来，这些都算她赚的钱。

为赚钱，晴儿还动过去肯德基打工的念头，由于未到18岁，这个想法只能打消了。

慢慢地，她的小金库里的钱越来越多，居然达到了一万多人民币。

"哇，这么多了，完全可以购买一部最新款的苹果了！"

她特别自豪地惊叹。

"嗯，差不多够了！"

通过自己劳动赚钱买来的手机，毫无疑问，意义是完全不一样的，这是一种能力的体现，也能让自己倍加珍惜自己的手机。在这个过程中，她最深刻的体会是"赚钱真的不容易啊"！

无论以何种方式，让孩子在空余时间试着自己赚一些钱，只要合理合法，都值得鼓励，有益而无害。自从晴儿知道了赚钱的辛苦，就再也没有乱花过钱，也懂得体恤父母的不易了。

这样做，孩子锻炼的不仅是赚钱的技能，还有理财的技能；孩子不仅得到自食其力的能力，还有勤俭节约的品质。

孩子的能力超过父母的想象

那一年，晴儿还在上小学，少年宫组织去国外演出。少年宫准备了一辆大巴，把没有家长送的孩子送到飞机场，晴儿自然也是其中一员。

她把自己的行李箱贴上标签，背着琵琶就出发了。

演出回来后，晴儿迫不及待地告诉我自己第一次坐飞机的感受。

"第一次去飞机场给我的感觉就是，真的很能锻炼人。每个环节都要小心翼翼，不能搞错，也不能和大部队走散，一旦走散就惨了！"

第一次自己去飞机场，晴儿被机场的巨大震撼了。无数通道、航站楼，让她眼花缭乱。好在有领队带着他们换登机牌、托运行李，还有过安检。

她一直关注团里有多少人，关注每个成员，主动自己押后。谁上卫生间，谁掉队，她得时时看着。

"爸爸，我问你个问题，我一直听广播在喊'某某乘客，您乘坐的某某航班，飞机马上就要起飞了，请您迅速登机'。假如这个乘客是我，我在路上没赶上这个航班，它会不会通知我？"

其实，机场广播只有在两种情况下会催乘客。

第一种，是换过登机牌，还没有及时登机的乘客。

第二种，那当然是VIP客户，不管哪里的VIP总会享有各种特权。

有了第一次的经验之后，晴儿再坐飞机就轻车熟路了。接下来，家里人去旅游，要坐飞机，晴儿就成了我们的机场"服务生"，带领我和妈妈走各种流程。对于这种"工作"，她做得津津有味，得心应手。

这时候，我不由得和彩林感慨："你看，幸亏让她自己坐了一回，这可不是白锻炼的！能放手的时候，我们要适当放手，孩子的能力比我们想象的要强大！"

"deadline" 给时间安上嘴巴

现在，有一个非常火的英文单词叫"deadline"，意思是最后期限。不管在工作上还是学习上，这个词都有重要的意义。

从2014年到2015年上半年，对晴儿来说，她的"deadline"就是即将到来的中考。为提醒并勉励晴儿认真复习，我在离中考还有三百天的时候，给她买了一个中考倒计时牌。

一开始，我每天会给她翻一页，及时更新时间。后来，我再去翻牌子的时候，发现晴儿自己主动开始翻页了。我给她翻和她自己翻的体会是完全不同的。只有自己翻，才能更加体会时间的紧迫性，更有努力前进的动力！

本以为这是一个完美的计划，我心里可谓美滋滋的，没想到晴儿却提出了异议。

她突然告诉我："爸爸，这样翻，我依旧没有太大的紧迫感，我要更加精准地利用时间。"

说做就做一向是晴儿优秀的品质，她自己列了一张表，把时间规划精准到每分钟！哪个时段做什么事情，她写得清清楚楚，包括作息时间、复习规划等。她制订了一套完备的计划。这时候，她就像一列开足马力的火车，准备向目标进行最后的冲刺。

不得不说，晴儿的自立和自控能力还是非常强大的。她的计划表让我自愧不如。

女儿自觉地抓紧一切时间用来为中考做准备，我看在眼里，乐在心里。

"宝宝，你知道，世界上最公平的一件事是什么吗？那就是老天给每个人的时间都是二十四小时，没有人多，没有人少。大家的区别在于，有些人在虚度光阴，有些人在利用时间；有些人在用时间赢得财富，而你把每分每秒都化为知识。爸爸相信，你的中考绝对没有问题。"

我对她的行动表示非常肯定，对她的中考充满信心。

等到倒计时牌上显示"0"的时候，中考来临了。

晴儿神色凝重地告诉我："爸爸，明天就要中考了！"

"是的，你做好准备了吗？"

她给我打了一个"OK"的手势："准备迎接我胜利凯旋！"

此时的晴儿就像准备上战场的战士，喝完酒，把碗一摔，嘿，拼了！

如今，晴儿的中考已经远远过去了，作为中考"文化遗产"的倒计时牌，却给晴儿带来了极其深远的影响。具体而言，因为倒计时牌，她充分学会了合理管理时间，精确分配时间，并能够以时间为轴精准分解任务。这对她的学习或工作效率的提高有重要的作用，怎么形容也不过分。倒计时牌，我是在从网上淘来的，没有花多少钱，它却给晴儿创造了不可估量的财富。

有最后期限，人们才会有紧迫感，知道什么时候该做什么，才会去制订计划，才会去合理管理时间。无论结果怎样，我永远欣赏晴儿为她的目标努力奋斗！一次考试可能很重要，而优秀的习惯却让人受益终生，这才是不可估量的财富！

"问题孩子"标签，你被授权使用吗

有个孩子，爸爸是博士，妈妈是校长。家庭环境不错，孩子在学习中却遇到了困难。

有一天，做作业时碰到一道题不会做，他就跑去问爸爸。

"爸爸，我这道题不会做，你能教我一下吗？"

爸爸正在忙，拿着作业本看了一会儿，皱起了眉头。

"哎哟，这题这么简单，你再好好想想！爸爸在忙呢！"

儿子一听简单，就回去想了。想了半小时，还是没有头绪，他拿着题又去问妈妈。

妈妈接过来一看，也开始皱眉头。

"儿子啊，妈妈问你，你上课听了没有？"

"听了！"儿子很老实地回答。

"那怎么还不会呢？这么简单的题目。儿子啊，我觉得你今天肯定上课没用心。我帮你做很简单，因为这道题太简单了，你再好好想想！"

孩子问了爸爸妈妈，都没有给出结果，只能自己咬着笔头冥思苦想，想到半夜也没想出所以然来。

第二天，孩子去交作业。老师发现有道题空着，就问："哎，你这道题怎么没有做呀？"

"我不会！"

老师觉得奇怪了："你妈妈是校长，爸爸是博士，你难道没有去问他们？"

"他们说这道题简单，让我想想，可我没有想出来！"

孩子低着头，怯生生地回答。

"你看，你爸爸说很简单，妈妈也说很简单，可你还是做不出来。这就说明是你自己的问题了！"

老师很轻率地下结论，给孩子贴上了一个"有问题"的标签。

没想到这件看似很小的事情，却影响了孩子的一生。

从那以后，他做题不再问父母了，因为在父母眼里，那些题都太简单了。他逐渐丧失了信心，因为连老师都说他"有问题"。最后，他自暴自弃，放任自己，进了监狱。

父母来探监的时候，痛心疾首地问儿子："儿子，我们这么优秀，你怎么就没有一点遗传呢？"

"是谁把我送进了监狱？是我自己吗？难道不是你们亲手干的吗？我这辈子最恨的有三个人，除你们两个人之外，还有一个就是老师。"

铁窗里的儿子非常冷静与漠然，仿佛在叙述一件非常平常的事情。

"除了要求我读书好、学习好外，你们给过我什么、关心过我什么？作业不会做来问你们，你们可曾愿意帮助我一下？老师可曾愿意帮助我一下？你们枉为人师……"

因为学习不好，父母又不够关心，孩子逐渐接触了社会上的不良分子，跟着他们一起混，最终触犯了法律。

博士爸爸和校长妈妈在震惊中流泪忏悔，但为时已晚。

看完这个故事，我不禁唏嘘。在很多父母口中，总是存在一个"别人家的孩子"，总是拿自己的孩子和别人家的比。别人家的娃总是天才，那么勤奋、那么完美，自己家的孩子永远那么笨、那么懒惰，有很多缺点。

殊不知，别人家的孩子也有千千万。人无完人，没有哪个孩子各方面都好。有些家长不去发现自己孩子的优秀一面，反而不停地找孩子的不足，不仅不表扬孩子，反而不断批评指责。特别是孩子考试考不好、作业做不好的时候，那些家长火冒三丈，什么难听的话都能说出来。

殊不知，你骂得痛快，孩子受伤得更快。

就像故事讲的一样，被贴上问题孩子的标签，如"笨蛋""懒虫""无能"，孩子就会自暴自弃地认为自己就是这么一个人，最终一蹶不振。

所以，我从不拿晴儿与别人家的孩子比较。我经常对她说：只要用尽全力去做事情，尽力做到最好，就算不成功，在爸爸眼里，你也是最棒的！

七、家书系

成长的年轮

她曾是十指不沾阳春水的小仙女，
他曾是勇闯天涯的江湖少年，
谁生来就懂得去照顾一个闯入他们生活的小生命？
他们曾手忙脚乱，
也曾崩溃无助。
谁的岁月静好？
谁在负重前行？
一代人的芳华逝去，
换取另一代人盛装出场的未来。

此生有幸，与你相遇

晴儿：

今天是你来到这个世界的第一天，爸爸开始着笔为你写第一封信。

虽然你现在还看不懂，但我相信，待你长大后看到这封信，也许会非常感激这份特别的礼物！

2000年11月25日，星期六，6点16分。

这是一个对我和你妈妈来讲非常特殊的时刻。先前，我请假等了你一个星期都没把你等到，没想到一上班就立马收到了医院传来的喜讯，六斤六两。直到现在，你妈妈都埋怨我，没有在你出生时陪伴在你身边。等我赶到医院的时候，你已经来到了这个非常神奇的世界。

然后，我就看到了你！

我初为人父，你初做儿女。

当把像个小外星人似的你抱在怀里时，我实在有些不敢相信。

那是一种强烈而长久，却又不可名状的激动。

有许多话想表达，却又突然说不出话来。——是的，在你还没到来之前，爸爸已经准备了一肚子的话想跟你说，可在看到你之后，我内心仿佛有一根弦被深深地触动了，翻遍辞海找不到一个词能够形容我当时的心情。泪雾朦胧，我连你的样子都快看不清了。

但从那时起，我记住了你充满好奇的、四处观望的大眼睛，记住了你微微扬起的嘴角，记住了你那醉人的模样。是的，从那一刻起我便知道，我一辈子都忘不了你。

你降临到这个世上的第一晚，哭得特别厉害。爸爸一晚上没睡，是激动，也是担心。我担心你会不会饿了，担心你是不是尿床了，担心你有没有着凉……我支走了你的爷爷奶奶、外公外婆，安静的病房里只有我们一家三口。

筋疲力尽的妈妈早已睡着了，我便一直陪伴在你和你妈妈身边。我的视线一刻也没有离开过你，我看着你，就渐渐出了神。我在想：我能拥有你多久？几年后，你是否还想缠着我？十几年后，我是否还能不断地亲你？再以后，你是否能一直陪在我身边……似乎想得有些久远。初为人父，谁能明白我内心的激动？

都说女儿是爸爸上辈子的情人，那一刻，我似乎明白了这句话。

后记：现在爸爸每天最开心的事情就是下班回家能够趴在旁边看着熟睡中的你，偶尔还要偷偷地亲你一下。如今的你已经非常乖了，除饿了会大声哭喊外，其他时间都在睡觉。你睡觉的样子跟你的小名"宝宝"很般配。

爸爸不求你有多么出类拔萃，只愿你平平安安一辈子。因为爸爸爱你，从你出现的那一刻开始。

也是从这一刻起，爸爸决定每年的今天给你写一封信。

爱你的爸爸

2000年11月25日

不负如来不负卿

晴儿：

今天是你的一周岁生日。爸爸祝你生日快乐！愿你健康快乐地成长！

在你告别婴儿、步入幼儿之际，爸爸怀揣一颗激动而又兴奋的心，给你写下这第二封信。

在过去的一年里，我们这个家庭因你的到来而变得美好和幸福。还记得你在医院里刚出生时，带给我的惊喜；还记得你三个月大时，第一次生病让我惊恐不已；还记得你第一次会翻身时，我和你妈妈的兴奋；还记得你第一次独立爬行时，我们的喜悦；还记得你第一次开口叫那一声"爸爸"时，让我激动得手舞足蹈……这很多很多的第一次，让我和你的妈妈体会到生命的神奇，这点点滴滴也都深深地刻在了爸爸的脑海里。时光飞逝，转眼间你已经是一周岁的"大小孩"了。

自从你来到这个世上，爸爸觉得和你在一起的每一分钟都是幸福的。为了你，我们愿意牺牲一切，用生命去维护这份爱。爸妈会尽己所能，为你创造成长必需的环境。

你要明白，这不代表爸妈会对你百依百顺，不代表会对你溺爱。因为这种爱并不是真正的爱，它会让你走向错误的方向。也许现在的你还不懂，但我相信以后的你，一定能明白爸爸妈妈这么做的良苦用心。

我知道，你的未来有无限可能。爸爸妈妈的能力虽然有限，但我们会尽最大的努力去为你铺好脚下的道路，去做一切我们所能做到的事情。这是爸爸对你的承诺。

再后，你要依靠自己的努力来实现自己的梦想。

孩子，爸爸希望你以后学习成绩优秀，这无疑是每个家长对孩子的期望。但是，相比学习成绩，更重要的是铸就优秀的品质。

爸爸妈妈希望你能成为一个善良的人，因为拥有善良就等于拥有了生活的魔杖。

于是，你能够坚强地应对每一件事，因为你的内心无比坦荡；于是，你能够交到知心的朋友，因为你的内心无比豁达；于是，你能让世界美好，自己也会变得更加美好。古人云："勿以恶小而为之，勿以善小而不为。"只有做一个善良的人，才有可能交到真正的朋友，才能在以后的社会中立足。你可以没有出彩的成绩，但不能没有善良，这样才可以拥有由内而外的智慧灵气，才可以由内而外地感到幸福。

孩子，爸爸希望你成为一个有责任感的人。爸爸不强求你获得多高的成就，但希望你能做

一个努力的人。成功固然重要，但比成功更重要的是要永远保持一颗努力向上的心。不是每粒种子都能成树，不努力生长只能成为空壳；不是每条江河都能汇入大海，不流动的终将成为死水；不是每个人都能成为栋梁之材，不努力的便成为无用之人！

孩子，爸爸希望你常怀感恩之心，用感恩的心去面对身边的人和事。为你的成长，爸爸妈妈和身边的许多亲人都付出了很多的精力。要感谢所有身边对你好或者不好的人，因为他们让你变得更加成熟。只有怀揣一颗感恩的心，才能体味到生活的幸福与乐趣。

学会感恩是快乐生活的第一步。如果我们时时能用感恩的心来看这个世界，就会觉得这个世界很可爱，也很富有。我们要让感恩之情留在心中，让人间的温暖和快乐充实自己的心，让自己体会到生活原来是那么美好，值得自己去珍惜和拥有。

晴儿，你是上天赐给我们的最好的礼物，你是我们生命的延续，你的笑声是我们快乐的源泉。我们最大的愿望就是你要健康、快乐、幸福地成长。我们希望与你做永远的朋友！再一次祝你生日快乐！

爱你的爸爸

2001年11月25日

你若安好，便是晴天

晴儿：

再次提笔时，距离上一封信已时隔一年。时光飞逝，一转眼，我的宝宝就两周岁了。看着你日渐长大变得聪明，我们全家非常开心。虽然爸爸没有每天记录你的点点滴滴的习惯，但希望每年的一封信能给你留下许多回忆，让你能够了解自己的成长历程。

回首这一年，我有太多的感触，有快乐也有心痛，有感激也有遗憾与反思。

宝贝，当你会说话的时候，已经开始学着走路了。妈妈小心翼翼，像个护花使者，总是在背后保护你，怕你摔着，舍不得放手。爸爸则比较"狠心"，无论磕磕碰碰还是摔倒在地，我都没有伸手去帮你。爸爸只是不希望宝贝变得太娇气。记得你第一次摔跤，疼得哭了，我们并没有扶起你，而是鼓励你，让你自己爬起来。

希望你能学会勇敢，只有这样才能面对今后的每一次摔倒，因为每个人都是在磕磕碰碰中长大的。你要在疼痛中学会自己保护自己。

在陪你成长的过程中，爸爸仿佛又回到了儿童时代，听儿歌，学习认水果、蔬菜、形状、颜色和数字。我们一起玩玩具，一起看动画片，一起做游戏。你喜欢听爸妈给你讲故事，最喜欢《白雪公主之魔镜魔镜》。你能够从1数到20，能够认识很多动物、水果和蔬菜，也认识了两种颜色——红色和绿色。你很喜欢看《小小爱因斯坦》《小小智慧树》。你也喜欢画画，总吵着要我画这画那，尤其喜欢让我画小动物。爸爸不会怎么办？为了你，我特地去学习简笔画。你现在会唱几首歌，也会念一些歌谣了……就这样，你渐渐熟知了生活中的许多东西，开始慢慢融入这个世界里了。

这一年匆匆而过。上半年，你的健康总是让我们担心。春节过后，你开始不停地咳嗽，让我们心疼的不仅是四处奔波求医的疲惫，更是你那苦受病魔缠绕的模样。如果可以，我恨不得那个生病的人是我。从那以后，每次看着你生病，劝你吃药，你的配合、你的难受都让我们心如刀割。你不知道，因为我们的疏忽与无知让你受罪，我们有多么自责！

这一年也发生了一些让我遗憾，需要爸爸反思的事。比如，让你一边吃饭一边玩一边看电视，或者追着你吃饭，导致你没有养成良好的饮食习惯，每晚睡觉太迟，看电视太多，生病比较频繁，等等。这些都是由于我偷懒或者方法不当而造成的。没有教育好你，这并不是你的责任，所有这些都是爸爸的遗憾，爸爸正在想方设法改正。

　　宝贝，你也该学会独立面对这个世界了！你也该开始学着打理自己了！很多事情可以开始自己独立去做了，可以去学着调控自己的情绪了。爸爸知道，你的小小的心灵早已深知一切，爸爸知道你有这种能力，因为你是我的女儿！

　　是的，爸爸从你出生时就一直这么坚信！

　　亲爱的宝贝，这一年生活还是以你为中心。爸爸有时会觉得很累，但每次看着你越来越可爱、越来越懂事，又很欣慰。过去两年里，因为你，我才真正成为人父，懂得有个更小的生命需要我去呵护，懂得我有必须承担的责任。宝贝，今天你两岁了，以后的道路还很长，成长的路上有鲜花，也有荆棘，有成功，也有挫折。爸爸妈妈希望你能健健康康、快快乐乐地成长。

　　今天是你的生日，爸爸对你温柔地说声"生日快乐"！

爱你的爸爸

2002年11月25日

你装饰了我的梦

晴儿：

　　每当这一刻，我都会感慨时间过得好快。转眼间，我的宝贝已经三周岁了，从一个咿咿呀呀什么都不懂的小婴儿长成了一个活泼可爱的小姑娘。请你原谅，在这三年里，因为工作原因，爸爸没能时刻陪伴在你身边。

　　可是，这一点也不影响我们之间的感情。都说女儿是爸爸的"小情人"，在那些你和我一同想出的亲子游戏中，我们度过了许多美好、欢乐和难忘的时光。一个眼神、微笑、口型让我们彼此心领神会；一个拥抱、亲吻、抚摸让我们心连着心，息息相通。

　　我很高兴，亲昵已经成为我们之间的一种习惯。

　　我是如此渴望时间能够静止，好让一个又一个瞬间凝固；而我又如此期盼你快快长大，好和爸爸一道去探索更多的人生精彩。如今，一转眼，你已经历了老人们所言最难养的"三冬三夏"。

　　三年，较之于人生长河，不过是弹指一挥间。对你而言，这却是非常重要的三年。你从嗷嗷待哺的幼婴出落成小俏妞，从第一声啼哭到第一次展露笑颜，从牙牙学语到完整地背诵儿诗，从蹒跚学步到和着音乐翩翩起舞……太多太多的人生初体验，构成了你的多姿多彩、天真无邪的三年。

　　你成长的这三年，也是爸妈在学习的三年。经历了三年的磨炼，我们从对育儿一知半解，逐渐变得轻车熟路。其间，我们感受着你成长过程的点滴，边做边学，边学边做，就这样和你互相陪伴，共同成长。

　　当然，这三年也是非常不易的三年。记不起有多少次抱着你往返儿童医院，记不起看你吃药打针，为你流下多少心痛的泪水，也记不起我到底经历了多少不眠之夜。渐渐地，你长大了，慢慢地有了自己的想法。虽然这些想法在常人看来有些幼稚，却容不得我们有半点轻视和疏忽。稍有不慎，你就会发小脾气，也会说出一些让爸妈啼笑皆非的话。

　　在养育你的这一千多个日日夜夜里，我们体味了你成长过程中变化的每个细节。是你，让我们体会到了做父母的幸福与喜悦；是你，让我们了解了生活有更多的责任与义务；是你，让我们觉得生活比想象还要多姿多彩！如今，当我们看到你兴致勃勃地看动画片、听儿歌时卖弄似的扭小屁股，我们感到快乐之外，更多的还是对你的期盼和希望。

晴儿，在你三周岁生日的今天，就让爸爸把能想到的最美好的祝福送给你。

祝你平安、健康、快乐、幸福……

爱你的爸爸

2003年11月25日

灯划开了黑夜

晴儿：

今天是你的生日，爸爸在这里真心地祝你生日快乐！

四年里，爸爸用非常朴实的文字，记录下了你每个阶段的成长与进步。每当看到记录下来的这些文字，就像爸爸妈妈坐在你面前，给你讲述你的童年一样。时间过得好快，转眼间，你都四岁了。但是，今年，你给了我们一个大大的惊吓！

那天你竟然误食"敌敌畏"，可把我给吓傻了。直到如今，想起事发时的那一幕，我仍然心有余悸。家里的"敌敌畏"是爷爷拿来除虫子的，谁也没想到，这个瓶子一转眼就被你拿到手中。等到爸爸发现时，你已经喝下瓶子里的敌敌畏，满嘴的药味。

"不好！出大事了！"

时间就是生命，我一把把你背到背上，骑上摩托车便冲向医院。让人绝望的是，我开的摩托车是县里的牌照，不能进苏州城，刚到城里就被交警拦截下来。我非常着急地跟警察说我女儿喝了敌敌畏，需要马上抢救，请让我走吧！那一刻，我几乎都要跪下来了。规矩是死的，人是活的。陈警官一看情况紧急，马上用警用摩托车为我开路，同时通知医院做好抢救准备工作。

要不是有警察帮忙，我根本不可能这么快到达医院，你的生命可以说是警察叔叔给救回来的。

"幸亏发现及时，送医院也比较快，孩子没什么大碍了。"当时参与抢救的医生说。

"你把女儿送来前，警方已经通知我们了，已经提前做好了一切准备。孩子刚送来时，嘴里药味很浓，我们立即进行了洗胃抢救。经过治疗，孩子的生命体征趋于平稳，也没有出现严重的并发症。"

谢天谢地！由于抢救及时，你转危为安。

也就在这一年，你开始了幼儿园的生活。

刚入园时，你有些不适应，但在爸爸妈妈的鼓励下，在老师的精心呵护下，你进步很大。经过半年幼儿园生活的锻炼，现在的你更加能说会道，经常有自己的想法和主张。有时，你说出的话会让爸爸妈妈惊诧不已，跟爸爸斗起嘴来更是毫不相让。

这一年里，你在幼儿园结识了很多小朋友。不过，除幼儿园的一些兴趣班之外，爸爸妈妈

没有刻意让你学习英语或者古诗，因为不想让你的童年过于辛苦。爸爸妈妈会永远尊重你的兴趣。学习是一个漫长的过程，这其中会有很多乐趣，千万不要把它当成什么负担。

从三岁到四岁这一年，你的变化真的太大了，每天你都会带给爸爸妈妈意想不到的惊喜。四年前那个仅仅只有六斤六两的小家伙，如今已经长成一个活泼可爱、口齿伶俐、人见人爱的小可人儿了。妈妈每天都忍不住要亲亲你的可爱的脸蛋。爸爸甚至还在你的主动要求下，亲了你的肉肉的屁股。那是多么的幸福啊！

在你成长的这四年里，爸爸妈妈也在跟着你一同成长。我们早已认识到了自己的不成熟和不完美，因为你对知识的需求已经大于我们的知识储备。

爸爸最喜欢做的事就是和你聊天，让你坐在爸爸的背上"骑大马"，给你讲故事。最近，爸爸经常对妈妈说："女儿比我们当时可要幸福多了，因为她有一个成长环境很舒适的童年，有几个十分爱护、关心她的幼儿园老师，这些都是我们小时候没有的。"

爸爸妈妈经常在一起谈论的一个话题：怎样让你过得更安全、更快乐、更自信？怎样使你成为一个非常优秀的孩子？爸爸妈妈希望你心怀感恩，同时又有勇敢、聪明、善良、正直、大方、积极、独立等品质。因为只有这样，你才能够一生幸福。爸爸妈妈会竭尽所能把最好的给你，但希望你能够过得开心、充实，不希望你过于浮躁、热衷攀比。爸爸妈妈希望四岁以后的你，接受能力和适应能力更强。在这些方面，爸爸妈妈会和你一起努力。

亲爱的宝宝，我们祝愿你在成长的路上平平安安、健健康康、快快乐乐，多给我们一些惊喜，少给我们一些惊吓。我们希望你像一盏划破黑夜的明灯，无论在多么黑暗的地方，总是会充满希望，这就是我们最大的心愿。

爱你的爸爸
2004年11月25日

垂柳紫陌姑苏东

晴儿：

　　你知道吗？你给爸爸带来了太多的惊喜和自豪，也带给了爸爸太多的感动。借你的生日，爸爸想要对你说出一直深藏在心中的感谢，感谢你给我们全家带来了无尽的快乐……

　　为让你有一个更加舒适的环境，我们搬家了，从农村到了苏州养蚕里新村，老姑苏城东南。这是一处安静而美丽的地方，来看房子的时候，我们都很满意。房子周围有公园，公园有大片绿地、成荫的树木、清澈的河水，还有人们的欢声笑语。

　　整理物件，其实也是在整理思绪，整理曾经一起走过的日子。或喜或悲，或笑或怒，把它们都一并打包装起来，码进车里，经过一段行程，再安放到另一个地方去。摆放停当的不仅是物件，也是一段段情绪、一段段故事，或者说我们生活的一个个片段，许多难忘的经历。

　　搬家，搬出来的是物件，留下来的是全家人共度的时光；留下的永远带不走，带走的将会制造出新的温馨、新的故事。

　　说是这么说，大家都发誓把不用的东西全扔了，省得搬来搬去不方便。

　　你妈妈跟我说："把你的一些不看的书卖了吧？搬起来太重了。"我反对："我起码也算半个文化人，一点藏书都没有，怎么行？"我边说边把所有书都打了包。

　　我又对你说："丫头，把你这些玩具扔了吧！你都是大孩子了，已经不玩这些小儿科的玩具了。"你也不肯："不行，这些玩具都是我这几年积攒下来的，每个玩具背后都是一段故事，我一个都舍不得扔。"于是，你的玩具和布娃娃就装了足足三包。

　　你对爸爸说："你的这些电子产品都过时了，BP机、大哥大，这些东西很长时间不用了，干脆扔了吧？"我不乐意："这些东西，平时也许觉得没有用，说不准关键的时候它们就能派上用场了。"我也毫不客气地把自己觉得有用的东西装了好几袋。

　　最后，这次搬家，我们还是基本啥都没丢下。很多东西就算带到这里也可能好几年都不会翻一下，但带来心里就踏实了。

　　虽然在大热天搬家，但我和妈妈还有小小的你没有惊动任何一位亲朋好友，轻松搞定，也算是一大成功。从开阔的农村搬进拥挤的城市，面对光怪陆离的都市，恐怕需要时间慢慢适应。公园很大，但比农村的田野小多了，也喧闹多了，连带你散步都显得局促很多。马路上来来往往的人很多，每个人都好像急匆匆的。在狭窄的马路上，两边停满了汽车，小摊贩早早地

在人行道上摆好了桌椅。再也看不到往日的田园风光了。

不知不觉，我们相伴已经五年，我们在一起的日子都变成了幸福的日记写在你的心上、爸爸的心上。随着岁月流逝，随着你慢慢地成长，关于幸福和爱的日记也将越来越多。

你五岁了，爸爸十分强烈地感觉到你长大了，开始独立思考了，不再是幼稚的小宝宝了。有时，你会很有个性地判断一些事情的对与错，会为一个问题和爸爸妈妈争辩得面红耳赤。恭喜你，我的女儿，你真的长大了，你的一言一行，爸爸都看在眼里，你成长的每一步都刻在爸爸心里。

你从一个呱呱落地的婴儿长成一个懂事的孩子，成长过程的点点滴滴，每个精彩的瞬间都深深地刻在爸爸心上。爸爸妈妈希望，我们的爱能像涓涓细流一般，时时刻刻温润着你。爸爸希望你拥有健全的人格、健康的身体，拥有豁达、淡定的心态，拥有一个属于自己的世界。

爸爸不会把自己未曾实现的愿望强加在你身上，只要你做出努力，只要你生活得幸福快乐，这比什么都好。终有一天，你会离开爸爸妈妈去远方求学、工作。无论你走到哪里，爸爸妈妈的心始终跟随着你，我们始终是你坚强的后盾，永远会出现在你最需要的时候。

晴儿，你偶尔不尽如人意的表现，折射出的是爸爸教育的不足。爸爸在你身上缺少应有的耐心，有时操之过急，完全忘了你还是一个刚刚五岁的孩子，总拿一些成人的要求来约束你，从而给你造成了困惑和迷茫。爸爸在此向你真诚地道歉。晴儿，爸爸妈妈会以沉稳的步子带着你从今天走向明天，也愿你在爸爸妈妈期冀的目光注视下，由怯懦变得坚强。

你永远都是我们最为最珍爱的宝贝！

爱你的爸爸
2005年11月25日

愿你笑靥如花

晴儿：

今天是你六岁生日，首先祝你生日快乐，幸福健康。

孩子，今天你六岁了，再过四个月就要进入小学了。你即将告别幼儿阶段，进入童年时期。六岁，你要慢慢学着自己的事情自己做，不要一切总是依赖爸爸妈妈。爸爸妈妈知道，你的自理能力很强，无论在幼儿园里还是亲戚朋友面前，你都是一个人见人爱、懂事乖巧的孩子。

只是你妈平日太娇惯纵容你，以至于在她跟前，你永远像个刚出生的婴儿，总有撒不完的娇，甚至有时候任性过度，显得有些刁蛮。我非常担心你，因为不是所有人都会像妈妈一样娇惯你、无限度地包容你。所以，你要珍惜每个爱你的人，学会感谢别人为你做的每件事。你即将融入一个更大的环境，我有几句话想和你说。

你总是太在意别人对你的看法。当别人夸你小脸胖嘟嘟的好可爱时，你会伤心，闹着要减肥；当爸爸夸朋友家的孩子长得漂亮时，你会吃醋、嫉妒；当老师表扬别的小朋友时，你会自卑、难过。

我想告诉你，无论漂亮与否、聪明与否，你都是最棒的。在世上，只有一个你，你是全世界独一无二的，不要太在意别人的看法，努力活出最精彩的自己。

孩子，爸爸经常出差在外，和你接触的时间不是很多。你要知道，爸爸对你的爱反而与日俱增。由于担心你妈对你过度溺爱，爸爸对你相对严厉些。希望你不会因此而讨厌爸爸，相反要感谢我。在这个世界上，能无私地倾其所有爱你的人，除妈妈之外，就只有爸爸了。

前几天你高烧入院，爸爸知道后内心万分焦急，当天就乘坐最早的航班从云南赶了回来，一下飞机便马不停蹄赶到医院输液室，只想能够早点陪在你的身边。当时，我注意到你那复杂的眼神，有惊喜，有委屈，也有一丝担忧。我知道，这些我都知道。

为让你尽快进入香甜的梦中，爸爸会在你每晚临睡前给你按摩穴位，爸爸会很仔细地为你身上每块磕青的地方涂上芦荟胶，爸爸会在你熟睡后为你洗衣服、擦皮鞋、刷小马桶，爸爸会尽力让你进好一点的学校、接受好一点的教育。

你开心，爸爸会欣慰地笑；你流泪，爸爸会伤心得想哭。不过，爸爸是大男人，是家庭的顶梁柱，你可以哭，妈妈可以哭，只有我不可以哭，因为我是你们最坚强的后盾。如果我倒下

了，你们去依靠谁呢？

　　孩子，在幼儿园这三年时间里，你的同班同学都报了一堆课外班，弹钢琴、跳芭蕾、下象棋、学认字、学拼音、学游泳、学跆拳道，诸如此类。谁愿意让自己的孩子输在人生的起跑线上呢？甚至连你们班主任李老师都劝我给你报个舞蹈和乐器班，说是有助于提升女孩子的气质。爸爸何尝不想让你出类拔萃呢？可是，在我心里，你的快乐比什么都重要，我只希望你有一个美好、幸福、轻松的童年，仅此而已。

　　小时候，爸爸没有条件学琴棋书画，一直心有遗憾，所以不想让你长大后回想起童年也感觉遗憾。等你上小学后，不管你对什么有浓厚的兴趣，爸爸都会不遗余力地支持你！

　　爸爸不能陪伴你一生，但在有限的生命里，会用心陪伴你度过每一天。爸爸不期盼将来的你多么春风得意、出人头地，只希望你每天快快乐乐、平平安安，展露出最美的笑靥……

爱你的爸爸

2006年11月25日

愿未来的你感谢如今

晴儿：

今天是你的生日，爸爸祝你生日快乐！

你终于告别幼儿园生活，和其他同龄小伙伴一起走上了真正意义的求学之路。从今天起，你就是一个七岁的女生了，是一个名副其实的大孩子了！为了这一刻，不仅是爸爸妈妈，相信你也准备了很久吧！

这一年幼升小，完成了你人生中的第一个年龄段的跨越。可能因为初入学堂，你有点不适应，我们能理解。你认识了新的小伙伴，在与新同学的交往中学会了团结互助，学会了关怀友爱。

这一年，为有更多的时间辅导你学习，妈妈放弃了原来的主管职务，来到离家很近的百货公司上班。爸爸妈妈努力给你营造了一个好的学习氛围，为的是你在学习上遇到困难时可以提供帮助。但是，你要记住，我们不能代替你学习。你现在已经长大，要开始学会合理安排自己的时间，自己的事情自己做。现阶段，你要意识到学习是自己的事情。

这一年对你来说是一个质的转变，没有了每天的午睡，不能每天放学后玩积木、看动画片，有的只是语文、数学、外语三门的预习、复习和作业。完成这些以后，还有每天半小时的书法练习等着你。

看着写字台边小小的你，爸爸十分心疼，但还是要告诉你，学习是件快乐的事，它将向你慢慢敞开知识宝库的大门，展现在你面前的会是一个色彩斑斓、精彩纷呈的新世界。学海无涯，爸爸不求你的小舟驶得多快，只求它平稳坚固，一路载着欢歌笑语。

七年了！回想这一路，虽然走得着实辛苦，但我看到了你的快乐、你的成绩！所以，爸爸再苦再累都无怨无悔！

听烦了吧，闺女？你现在一定在嘟囔："哎呀，老爸，我知道了，你真啰唆！"

哈哈！今天就先跟你说这么多吧，爸爸也能理解你的心情。以后，你有困惑了，爸爸会随时跟你探讨。希望未来的你，会感谢我的这些肺腑之言。

最后，爸爸送你一句话：好的学习习惯会让你受益一生，好的阅读习惯会让你愉悦一生。

爸爸会继续坚持每年在你的生日送你一封信，我们一起加油！

我们期待一个更加勇敢、更加自信的晴儿向我们走来！

爱你的爸爸
2007年11月25日

关心一朵花，也关心天下

晴儿：

今天是2008年11月25日，又是一个特殊的日子——生日快乐哟，亲爱的宝贝！

不知不觉，这一天就到来了。回想这一年所发生的事，仿佛就在昨日一样。

我们又搬家了，从苏州的养蚕里新村搬到了平江路富乡小区。今天是搬家的最后一天，突然思绪万千，看着住了三年的小屋子，发现时间是如此无情。

此刻，我仍然想走在过去三年里每天都会走的那条路上，看看来往的行人，熟悉也好，陌生也好。我想吃一吃心心念念的小吃，或许以后没有机会再吃这个东西了，就当最后体会一下吧，就让点点滴滴都印在我们的脑海中，印在我们的内心深处。

三年间的点滴仿佛仍在眼前，但明天就要离开这间屋子了，有诸多不舍涌上心头。曾经总是抱怨房子如何不好、邻居如何吵闹，马上就要离开了，却猛然发现，人生百态，生活本来不就是这样的吗？

人总是喜欢怀旧，或许真的是因为老了的缘故吧？现在的我总是喜欢回忆过去，怀念当年的青葱岁月，想起曾经单纯的我。我们每个人都是漂流族，每天穿梭在城市里，上班、娱乐、生活，始终找不到一个方向。

我们总觉得日子既忙碌又充实。

唯一觉得欣慰的是，回家还能有个小屋子，那是属于自己的空间。一回到那个空间，便立即把静谧还给了心灵。这个不大的空间，给我，给你，给你的妈妈，同一种温馨祥和的感觉，那是暴风雨中三个心灵共同的港湾。

时间过得真快，你从一个小不点长成了一位可爱懂事的小姑娘，爸爸妈妈感到十分欣慰。

爸爸妈妈对你有许多期望。但是，爸爸想和你说，看到很多"90后"哥哥姐姐和"00后"同龄人，很多人已经没有坦然面对困难的能力，爸爸会常常反省——对你过度的爱是否会影响你的成长。

你要学会珍惜自己的生命。今年发生的一件令所有人都感觉沉痛的事情，深切说明了人的生命是多么脆弱和短暂。是的，我们每个人都有太多太多的事情要去做，每个孩子都要成长成才，每个个体都要让自己活得多姿多彩，每个公民都要对社会贡献更好的价值。然而，我们首先要让自己活下去！

5月12日14点28分，四川省汶川县发生里氏8.0级大地震，影响了中国大部分省市甚至大半个亚洲，震痛了我们每个人的心。汶川大地震直接严重受灾地区达10万平方公里，共遇难69227人，受伤374643人，失踪17923人。这些庞大的数字清楚地告诉我们，这次地震危害有多大。大地震发生后，爸爸在得到消息的第一时间，以你的名义捐款。捐款数目不大，在我完成捐款之后，发现自己感到了小小的慰藉。我们每个人都应该为在这场地震中失去父母的孩子和失去孩子的父母做点什么。

所有看到这场灾难的人都有同样的心理吧！大家都在捐款，捐助物资、都希望为灾区尽一点绵薄之力。生在这样一个团结、善良、有爱的国度，我们何其有幸！

大地震让我们明白，我们在大自然面前是多么渺小。生命是脆弱的，每个人的生命只有一次，失去了便不再拥有。所以，我们要倍加珍惜现在的生活，要更加好好地活在这个世上。愿

逝者安息，生者如斯！

如果因一时冲动而导致自己受到伤害，那是毫无意义的，也是十分不值的。每个人的成长过程都充满了沟沟坎坎，人生没有过不去的坎，过去之后，展现在你面前的便是康庄大道。希望你能够勇敢坚强地面对困难，学会善待自己，学会宽慰自己，学会解决生活中的矛盾和不快。

你要学会生存。"生存"，这个词说大很大，说小也很小，它就藏在生活的点点滴滴中。举个最简单的例子：过马路时要先观察信号灯，绿灯亮才能通行，红灯亮要自觉等候。各种车辆要各行其道，如果大家不遵守就会导致事故发生，人的生命就会受到影响。所以，学会生存首先要遵守各种社会规则。

此外，你还应该学会独立。种树的人都知道一个道理，如果给树定时定量浇水，那树木的根便不会往下生长，因为它们产生了依赖心理，不再自己去汲取水源。长此以往，若有一段时间忘记给它浇水了，那它将枯死。所谓授人以鱼不如授人以渔，我想告诉你的便是这个道理。

人一定要有教养。有教养的人从不迟到，而且要诚实守信，即使无意迟到，那也是一种不自重的表现。同时，你要以宽容的态度对待别人的错误和误解。学会宽容，宽容别人就是给自己机会。爸爸希望你能敞开心扉，学会发现、欣赏学习别人的优点，这样才会让自己拥有更多的优点。你也要多参与爱心公益活动，从自己做起，从自己身边的亲人、朋友做起。好的教养能让你成为更好的自己。

最后，爸爸送你两句话：让学习成为一种习惯，好的学习习惯会让你受益一生；让读书成为一种时尚，好的阅读习惯会让你愉悦一生。

爱你的爸爸

2008年11月25日

一川烟草，满城飞絮

晴儿：

　　当我敲打键盘写这封信时，你已做完今天的作业，酣然入梦了。而我不能去睡，因为今天的工作还未做完，还差这封写给你的信。

　　时间似流水，一晃九个年头过去了。你从一个出生刚六斤六两的小不点，到蹒跚学步、牙牙学语、懵懂的小丫头，逐渐成长为一名小学生。爸爸每天看着你背起书包走进学校，开始学习知识，回到家还要写作业，玩耍的时间不像以前那么多了，就连周末也被特长班给无情地占有了。爸爸感觉你有了一点点压力，希望你能够理解爸爸所做的一切。

　　你是一个特别懂事的小姑娘，非常善良，也很有爱心，你会照顾圈里的弟弟妹妹们；你和奶奶出门坐车，你会在公交车上把座位给奶奶坐；你会给爸爸捶背；你会给爷爷奶奶泡柠檬水喝……

　　每天，爸爸看着你开心地背起书包上学，总会因为心疼你的书包太重，要帮你背书包；而你也会心疼爸爸拎着太多东西，要自己背着书包走路。

　　在学校门口，你扬起小脸蛋甜甜地对着爸爸挥手说"再见"，爸爸的心里就像有一朵花在悄然绽放。

　　你的小脑袋瓜里充满了各种想象，你爱画画，而且画得越来越棒了。这段时间，你喜欢拿着你的画大声叫："爸爸，我画得好看吗？"

　　上次开家长会，老爸最大的感触是你们的学习已经进入了竞争时期，好多同学都在进步。同时，让我感到高兴的是，每个老师都对你们尽心尽责。

　　女儿，人如果没有追求进步的精神，即使再聪明，也是一副空皮囊，就像汽车没有汽油，再先进也只是个空壳，无法前行。其实，学习是一件快乐的事情，知识的海洋是如此美妙、丰富，你每弄懂一个问题，就会收获一份快乐与希望。爸爸发现你有时会流露出浮躁、厌烦的情绪，这对这么小的你来说，可不是好苗头。

　　其实，学习与工作无多大区别。对你而言，你的学习就相当于你的工作，你也应当好好想一想，你的工作成绩如何。当然，你的学习成绩如何，我和妈妈也负有责任，我们也会检讨自己，不断改进，好让你有更大的进步！

　　你要养成好习惯，注重细节。上次开家长会，班主任和其他老师一再强调，需要注意规范

性，注重细节。所以，你现在就要从学习中、从生活中的一点一滴开始注意。别小看一些细节，它们都会影响你学习的好坏，形成你今后性格的一部分，成为影响你以后成功与否至关重要的因素。女儿，我相信你，你会做得更好。

女儿，每当我疲惫时，或出差在外，不由自主地想起你的体贴和可爱的笑容，我的脸上就不禁会露出开心的神色。我想找遍世界上所有美好词汇来形容这种感觉。

你爱看书，学习也很认真，而且通过自己的努力，得到了老师和同学的认可，当上了班干部。你知道，要当一个合格的班干部，应该让自己的动作更快一些，要自己检查作业，要为班级争取更多评优分。你的这些进步，爸爸由衷为你感到高兴。

你的表达能力很强，当对爸爸的批评有不同意见时，你会用学到的知识来和我"沟通"。记得那天，你一本正经地和爸爸说，要多鼓励别人、让别人有努力向上的动力。听了你的话，爸爸真的有些惊讶，我的女儿真的长大了。

今天是你的生日，爸爸还是要给你提意见，希望你以后要保护好自己的眼睛。写作业时，不要把头趴在桌子上。眼睛是要跟你一辈子的好朋友，你是不是应该好好地照顾好朋友呢？爸爸希望你以后学习再仔细一些，碰到不会的题时，不要放弃，再多读几遍，或许就能理解题目的意思了。

爸爸还希望，长大一岁的你，养成每天定时读英语的习惯。爸爸相信，你在学习上还有更大的潜力。

加油吧，亲爱的女儿！最后，爸爸妈妈想对你说：谢谢你，你带给我们太多的快乐，也给我们全家留下了很多美好的回忆！

爱你的爸爸
2009年11月25日

给我一首歌的时间说我爱你

晴儿：

今天是你的生日！今年的生日有点特别，因为你度过了人生的第一个十年。一位数的年龄终于跃升为两位数了，祝贺你！

十岁，一个新的起点！你应该向着更高的目标不断努力！爸爸希望你能够更合理地安排每天的时间，提高学习和做事效率。另外，请允许我再啰唆一遍：生活中有很多东西比学习成绩更重要，比如健康和快乐、亲情和友情、分享和分担、自理和自立、宽容和感恩……希望你能慢慢体会到。

任何人成长的道路都会遇到困难，都会遭受挫折。亲爱的女儿，别怕，爸爸妈妈会用自己的方式与你同行、伴你前进！任何时候，爸爸妈妈都是你的坚强后盾！

当父母很辛苦，古人就有"养儿方知父母恩"的说法，一代又一代，不停地轮回。我也因为有了你，才慢慢地能够体谅父母、照顾父母，这是你给我的礼物之一。

我想说的是，在这十年里，我的欢乐多过辛苦，看你一天天长大。我每天站在学校门口等你，看着你大包小包地走向我，或欢乐或沮丧。你上来就和我絮叨，好事或者坏事，好似久别重逢一般。看来，古人所言"一日不见，如隔三秋"，着实有几分道理。每每这一刻，我都是满心欢喜。

你开始长大了，和你交流变得越来越有意思。人与人之间感情加深不只是需要时间，更多在于交流。最近，你又开始夸我帅，还喜欢对我穿西装的样子指点一番。在你的夸奖之下，我甚至开始产生幻觉，觉得自己果真帅了不少。

在今后的日子里，你会比前十年更加有想法，更加有自己鲜明的喜好。中国人有句古话："三岁看大，七岁看老。"西谚也说："性格跟着人，命运跟着性格。"我希望你今后永远积极，乐观向上。其实，你是个天生的乐天派，对这一点，爸爸非常赞赏。

无论做什么事，都需要有毅力。在你小的时候，我十分担心你是个学习能力比较差的人。经过四年小学生活，我发现即便你不是个在学习方面颇有天赋的孩子，也绝对不是一个天资愚笨的人。只是在毅力方面，你还需要多加磨炼自己。

爸爸总结过去所有同学、同事、朋友的人生经历，得出了一条经验：成就的高低往往取决于有多么坚持。只要你不断努力，专注某件事情，最终就可能超越别人，获得成功。人是否成功，不在于智商的差异，而在于专注和坚持。只要你有毅力坚持某件事，一定能够获得成功。有时候，爸爸对你发脾气，非要你做好某件事情不可。你要明白我的心意，不是我不爱你，而是希望你做事有毅力，勇敢地迈过所有坎坷。

现在，你已经逐渐学会了自理和自立，让爸爸越来越放心，这一点特别值得表扬。我们为培养你的自理能力，从幼儿园开始就让你在学校吃小饭桌，一直坚持到现在。你在学校不挑食，也不留剩饭。你做作业从来不需要家长陪着，能够静下心来独自完成作业，完成作业后主动要求爸爸检查。你把这一优点长期坚持下去，受益的将会是你以后的每一天。

爸爸一直清楚知道你有一个伟大的梦想——做外交官。人的一生是不是充实，就在于他有没有目标、有没有梦想。小时候，爸爸的梦想是走出农村，我就真的来到了大城市。周恩来爷爷从小"为中华之崛起而读书"，他与其他人一起就真的开创了新中国。

你们这个时代，人也需要有大志向才能有所作为。习近平爷爷提出了一个需要几代人持续努力才能实现的中国梦：实现中华民族的伟大复兴。

你也许会问，爸爸现在的梦想是什么？我骄傲地告诉你，我现在的梦想就是培养出一个健康、快乐、孝顺的孩子，让她成为一个对家庭、对社会、对祖国有用的人。

亲爱的女儿，最快乐单纯的十年，你已经过完了，接下来的十年是你一生中学习的黄金时期，你要努力刻苦地掌握知识、学习技能。如果能够掌握科学的学习方法，你就会事半功倍。

古语云："少壮不努力，老大徒伤悲。"人生的长度不尽相同，精彩与否在于生命的宽度。同样是十岁，爸爸在十岁的时候，可能还懵懂无知。当然，你们也少了农村孩子对贫穷的体验和认知。如果有机会的话，爸爸带你一起去见识更加富裕优越的生活，也去体验缺衣少食的贫困农村孩子的生存状况。

好了，宝贝，在不知不觉中，爸爸和你说了好多话，你不会又说爸爸啰唆了吧？四年级是一个十分重要的阶段，你一定要把握好。过去十年的表现，爸爸给你打98分。希望在以后的十年中，你会更加让老师放心、让爸妈放心，也让自己更加快乐。

最后，宝贝，我想用一首歌的时间对你说：我真的真的非常爱你。

爱你的爸爸
2010年11月25日

满园春色，不如你的笑颜

晴儿：

今天你满十一岁了！

十一年了，你以惊人的速度成长着，不管在身高、体重、思想还是心理上。昨晚睡觉前，爸爸翻看你过去一年年的照片，禁不住感慨：曾几何时，我们家天真无邪的"小可爱"已经悄悄地成长为一个"大姑娘"了。你的一颦一笑都能让满园春色黯然失色。

爸爸感谢有你，你让爸爸的人生完美了起来。从你出现在爸爸的世界那一天起，爸爸就开始了一个全新的人生。爸爸爱自己，因为要保护你。爸爸的生活变得智慧了，因为爸爸要给你好的影响。

爸爸知道你写作很好，这是你的"海量阅读"的积极效果。希望你继续保持这个习惯，也相信你在写作方面会越来越出色。但是，我还是要给你提个小小的建议，你涉猎的书不一定都得是"非常校园系列"，少儿版中外名著也应当多看一些。当然，爸爸在这里还要指出你的一个小问题，每天晚上不要看书太久，最迟十点前要睡觉。

孩子，你已经十一岁了，爸爸依旧盼望你在人生旅途中能够一路平安、快乐。但是，我也知道，伴随你的有鲜花掌声和阳光大道，也会有丛生荆棘和崎岖小路。所以，我偷偷多了一点期望，期望你今后能磨炼出强大的内心，遇到任何困难和挫折都能勇于面对，成为生活的赢家。也许，现在提及这样的话为时尚早。但是，爸爸始终坚信，性格决定命运。你现在所处的年龄正是铸就良好性格的关键时刻，所以爸爸在你生日之际和你说这些。

孩子，你要记住，做任何事都不要只做表面功夫。也许别人不知道，但我们自己会知道。因此，我们无论何时都能问心无愧，永远昂首挺胸。人生最大的遗憾，就是错误坚持和轻易放弃。在你的人生最美好的年华里，不要轻易被名利得失所羁绊，一时荣辱算不了什么，你的宽容、善良、坚忍的品质和长期积累的知识才是一生的财富。

也许某一瞬间，你以为自己长大了。但是，你最终会发现，长大的含义除了身体和心智，还包括勇气、责任、坚强和某种必要的牺牲，更包括爱与被爱。

孩子，你是爸爸妈妈唯一的孩子，不管今后何去何从，我们都会明智地尊重你的选择。你也要相信我们这个家始终是讲究民主的，在不违背原则的前提下，爸爸妈妈自始至终都会支持你。归根到底，我们希望你一生平平安安、快快乐乐！最后，祝我的可爱漂亮的小天使生日快乐！

爱你的爸爸

2011年11月25日

你有仰望星空的权利

晴儿:

　　十二岁, 花儿一样的年纪, 花儿一样地美丽; 十二岁, 是你人生的第一个台阶; 十二岁, 你将面对更炫目缤纷, 也更令人迷茫困惑的世界。但是, 这次爸爸除要对你说"祝你生日快乐"外, 还有一句更重要的祝福语, 那就是——"祝你从此获得自由"!

　　每年提起笔给你写信, 心中纵有千言, 却不知从何处说起。 一幕幕、一桩桩, 有关你的记忆, 点点滴滴, 恍如就在眼前。

　　过了十二岁的生日, 你就不再是任性无知的小孩子了, 你的人生也将从幼稚走向成熟, 从被引导走向自我引导。这封信是对你十二岁生日的祝贺, 也是对你的宣言。爸爸决定把对你的管理权下放给你自己。爸爸对你有信心, 相信你能管理好自己。

　　亲爱的女儿, 随着逐渐长大, 你会发现现实生活中有很多事情并不像书中描述的那么完美, 而且富有诗意。人生旅途经常会有困难、挫折, 也会有失败, 甚至有时你会感到很大的痛苦! 毫无疑问, 人的一生要面对很多事情, 但不论碰到任何事情, 你都要保持健康的心态。

　　人生的路还漫长, 而你才刚刚起步。耕耘总会有收获, 付出总会有回报。知识就是力量, 你要认真对待每一天, 快乐过好每一天! 克服不够勤奋的问题, 改掉虎头蛇尾和浮躁的毛病, 发扬聪明好学、积极向上的优点, 你就能成为一个生活的强者。

　　爸爸知道你在作文里写得最多的内容是, 你有一个全世界最好的爸爸。其实, 对爸爸来说, 我有一个最棒的女儿。有这样的女儿, 是爸爸用多少辈子才能修来的福分啊? 爸爸经常在心里感谢上苍, 他对我是多么慷慨和仁厚啊!

　　十二年过去了, 爸爸妈妈已经变得不再似当初一般年轻。在风风雨雨里, 我们一步一步挺了过来。知道爸爸为什么希望你争气吗? 因为除了奋斗, 我们别无他法。

　　当然, 孩子, 爸爸想告诉你, 苦难对强者来说是一笔宝贵的财富, 而对弱者来说, 则是前进的绊脚石。今天, 爸爸发现你们这一代人普遍存在一个严重的问题, "苦难"这堂课离你们越来越远了。因为贫穷, 爸爸学会了坚强; 因为苦难, 爸爸必须奋斗。在偏远的乡村里, 爸爸第一个买回大彩电, 第一个买回洗衣机、电冰箱、摩托车、电动车, 第一个把互联网融入家庭生活, 第一个把孩子送进城里上学……可是, 爸爸一直在纳闷: 为什么现代化的生活离我们越来越近的同时, 孩子的想法却与我们的初衷渐行渐远呢? 为什么现在的孩子受一点小小的委屈就会半天挂在脸上不说话？为什么孩子有时和父母说话的口吻是那样叛逆呢？是我们做错了，还是我们不懂这代人内心的世界？

其实，和你身边很多同学的父母相比，你的爸爸妈妈也许太平常。但是，爸爸一直想向你传递积极向上、健康快乐的人生态度；向你传递严于律己、宽以待人的处事方式。爸爸一直努力做你的人生榜样。晴儿，心态永远比物质更重要。无论生活多么忙碌，也要学会静下心来，沉淀自己，做一枝从容、温暖的康乃馨。爸爸没有超能力，不能减少你将面对的困难和前进路上的坎坷，但我愿意教你怎样克服困难、跨越坎坷，而这是成长必备的本事。

无论何时，无论何地，只要你想，没有人能够阻止你抬头仰望星空。

黎明即将到来，在曙光下面，爸爸已经依稀看到你前行的背影……

最后，再次祝贺你成长，愿我的心爱的宝贝快乐度过每一天！

爱你的爸爸

2012年11月25日

你是人间四月天

晴儿：

　　亲爱的孩子，生日快乐！

　　对这封信，你肯定很期待，也肯定很想知道：成人礼，爸爸会跟我说些什么呢？

　　是的，今天是你的十三岁成人礼。按说爸妈应该高兴才对，为什么却会感到有些悲伤和难过呢？

　　是啊，爸爸应该高兴才是，你终于长大成人了。爸爸妈妈十三年的心血和汗水没有白费。我们既紧张又兴奋，我们完成的这件"作品"是否合格，还有待社会进一步检验。

　　所以，爸爸说，你是人间四月天。四月是一年最美的时节，现在的你则是青春里最美的你。

　　亲爱的女儿，感谢上帝把你赐给了我们，使我们体会到生命的完整与延续。因为有你，我们体会到了为人父母的快乐；因为有你，我们也感受到了为人父母的责任和义务。十三年来，爸爸和妈妈共同努力，争取做一对称职的父母；而你也努力做一名听话的乖女儿。我们为自己庆幸，有你这样一个美丽、单纯、善良、可爱的好女儿！

　　可是，我们也有一些难过。台湾作家张晓风说过：孩子是一把借来的琴，能弹多久就弹多久。但是，明知这是借来的琴，我们却早已把它当作自己的了，想把它据为己有，因为我们对它倾注了太多的感情、太多的爱、太多的关心。我们都是自私的人，我们总想把它据为己有，永远地拥有它。

　　可是，不能啊，它终究是要归还的呀！这天终于来到了，你说，我们能不难过吗？从今以后，你将成为一个独立的个体，你要独自面对人生，面对生活的考验。我们很担心，怕你适应不了这个现实的社会。如果可能，我们真想替你承担一切，让你生活在一个美好的童话世界里，没有一点烦恼，快乐自由地生活着。可是，孩子啊，我们不能陪你一辈子，今后的路终究还是需要你自己去走。你必须做好准备，迎接生活中的风风雨雨。

　　在今天的成人礼上，爸爸有很多话想要对你说，却不知道从何说起。

　　首先，我们爱你，非常爱你，这是毫无疑问的。不管以前对你多么严格、多么不近人情，我们都是爱你的，而天下父母没有不爱自己子女的。我们恨不得把天下所有的爱都给你，也想把天下所有美好的东西都给你。可是，我们毕竟不是大富大贵之家，给不了你太多，只能给你

这么多了。所以，还是请你理解我们，不要抱怨父母无能。

其次，我们还想对你说声"对不起"，请你原谅我们。首先要原谅我，因为当妈妈生下你时，我不在你身边。同时，我们一点经验也没有。当你刚刚来到时，我们手足无措，不知道该怎么对待你，让你受了些委屈。可是，你要相信我们，我们真的不是故意的。如果有来世，你还愿意做我们的孩子，我们一定好好待你，让你生活得更好。不过，令我们欣慰的是，在我们的"摧残"下，你还是健康茁壮地成长起来了，也非常体谅我们。

此外，我们应该感谢你，虽然这十三年来，我们付出了很多，可我们得到的更多。自从有了你，爸爸妈妈的人生有了追求、有了希望、有了目标，我们单调的生活有了绚丽的色彩。你给我们带来了人生的乐趣，我们的生活从此变得不同。我们不敢想象，如果没有你，这十多年的生活会是怎样的，我们还有没有生活下去的勇气和信心。

感谢有你，陪伴我们十三年，拥有你是爸爸妈妈最大的幸福。你生活得好，我们才能生活得好。所以，请你一定要健健康康、快快乐乐地生活下去，为你自己，也为爱你的父母。

爸爸妈妈还想告诉你，我们真的很为你自豪，你漂亮、聪明、可爱、乖巧、懂事。能够生下这么优秀的你，爸爸妈妈真的很感谢上苍。也许，真的是我们前世修来的福分，老天爷才特意把最好的女儿送给我们。在我们心里，你就是最棒的，我们也相信，你会越来越优秀，不会令我们失望。所以，我们希望你今后更加懂事、更加优秀，让我们成为最自豪、最幸福的父母。

凭着过去年复一年努力画画的功底积累，在今天成人礼现场，你画出了精彩绝伦的画，令现场所有嘉宾为之钦佩，你不知道我们多么为你感到骄傲！

絮絮叨叨了这么多，也许有些杂乱，但这都是我们的心里话，希望你能了解我们的心情。我们衷心希望你在今后的生活中有惊无险，而经历九九八十一难，你才能取得真经。同时，也请你一定记住：无论何时，只要想和爸爸妈妈交流，不要有什么顾虑，我们的心扉任何时候都是对你敞开的。我们的怀抱永远是你可以停靠的温暖港湾，我们的臂膀永远是你坚强的后盾！不管多大，你永远都是我们亲爱的孩子！

爱你的爸爸

2013年11月25日

逐梦之路就在脚下

晴儿：

此刻已是深夜12点，爸爸从外地赶回来为你过生日，并给你写这封信。在我心目中，这封信比爸爸写的所有文章都重要。当然，因为去外地出差开会，最终还是没有按时间节点写出来，真的对不起你。

刚一提起笔来，爸爸眼前就会浮现出你小时候的模样。你一哭，爸爸就把你架在肩膀上，然后你就马上不哭了，拉着爸爸妈妈的手做飞翔状。有时候，你也会在电话里问："爸爸，你什么时候回家？"那时，爸爸说半个月，你就问半个月是哪天？是明天，还是后天？一直问下去……现在回忆起来，满满的都是喜悦，都是美好，都是正能量。

当然，人生总会有些许小小的感伤。过去的一切再也回不来了。真的很想念小时候的你，想念一起走过的美好时光。但是，"人事有代谢，往来成古今"，时光的脚步谁也挡不住。如今，你已经迎来十四岁的花样年华，即将告别儿童时代，踏上人生最精彩、最灿烂的青春之旅。

青春，多么美好的字眼，蕴含着蓬勃朝气、展示着昂扬锐气、彰显着向上的勇气，一说起来，就充满力量、激情和憧憬。你长大了，我既有不舍和担忧，也有希冀和幸福。

晴儿，如今你已经十四岁了，站在了人生第一个重要的台阶上。每个人的一生都要经历许多重要的时刻，面临许多关键的问题，你用什么样的态度对待它们，就会有什么样的人生。在爸爸看来，学会生活是最为重要的。我们每人每天都在经历生活的过程，学生就是在生活中以学习为主要目的的人。无论什么样的人，都要过自己的生活，不管积极生活，还是消极生活。如果想要生命更有意义，我们必须选择积极生活，你能明白吗？

爸爸始终相信，知识改变命运，今天的付出就决定今后的生活。也许有时你会为学习而烦恼，但如果用心体会，就可以感受到学习带来的丰硕知识和快乐。

亲爱的女儿，成长最重要的莫过于自立，而要做到自立，首先就需要具备能够自立的才能，那就需要更多地拥有知识和智慧。知识的积累是能力的基础，要想更好地拥有知识和智慧，天下没有捷径可走，唯一的路子就是学习。关于学习，爸爸想让你记住，只要努力就不会没有优异的成绩。你要懂得辛勤耕耘，懂得付出。

青春确实也会有烦恼和困惑、迷茫和固执，这是因为成熟有过程，也有代价。生命之旅没

有后悔之路，你要学会把握和面对，学会承担，同时也要学会关爱和善待他人。

晴儿，爸爸相信你永远不会放弃学习知识。知识将是你了解这个世界、体会这个世界、享受这个世界的基础。知识是前辈留下的财富，是让你充实生活的海洋。正是知识推动了社会进步，所以，在成长的每一步，爸爸希望你都会抓紧时间去学习。学习的方向不只包括课本，还包括许多其他方面，如社会、历史、科学、体育、文艺等。你是一个会学习的人，你会有非常宽阔的视野，站在巨人肩膀上享受风景的一定是你。

亲爱的女儿，你已扬帆起航，踏上了追逐梦想的道路。爸爸妈妈相信你的未来一定会比我们期待的更加精彩灿烂。在这个世界上，经常有奇迹发生，这个世界也在时时为奇迹创造机会！爸爸坚信下一个奇迹的创造者一定是你——朱佳晴。加油！加油！

爱你的爸爸

2014年11月26日凌晨

冷冷清清的风风火火

晴儿：

十五岁生日快乐！

十五岁，是青春，是活力，是希望，是未来；十五岁，是浪漫的开始；十五岁，是学习的黄金时期，也是充满艰辛和挑战的年纪。晴儿，不是每次努力都有收获，但每次收获都需要努力，所有收获也都是你努力的结果。

今年，对我们家是最为特别的一年，我们已经正式搬进了新家。爸爸看中的一点就是这间房子四季恒温，不用空调，你再也不用担心手会生冻疮了。

每次搬家，对我们而言，都是一次丢弃与发现。散在角落里的那些七零八落的物件，也许是废弃的不必带走的东西，也许是遗失在岁月中的记忆。每次整理，都是对过去的重新审视，每个老物件在灰尘的掩埋下，都充满一种慈祥而庄严的感觉。

每次搬家似乎意味着一次新生，一次对陌生环境的探索，对过去不如意的摈弃，对未来的美好展望，还有在不断往复中生成的焦虑与落空。

在你十多年的生命体验中，共经历过三次搬家，每次都可以说是印象深刻。当看着房间里的物品一件件被打包好运上车时，当原本堆了无数东西的房间逐渐能听得到回声时，我们都会刻意地提醒自己，再好好看一眼这所老房子，也许这将是最后一次了。当即将离开时回顾一切，一些曾经觉得不重要的场景会莫名地浮上眼前，你会幡然醒悟，原来我曾拥有过这么多美好的东西。

第一次搬家大概是在你五岁的时候，我们家从农村六间三百多平方米的屋子变成了六十平方米的"二室一厅"。那个时候印象最深的想法就是，你终于可以和城市里的小伙伴们一起玩了。那是位于一楼的两间小房子，前面有个小院子，一进楼道漆黑一片，昏黄的灯光只有晚上才会亮起，忽明忽灭。倘若刮起风来，灯泡来回摇晃，简直是鬼片取景的最佳选择。老鼠在这里横冲直撞，根本不把人当回事。好在你的妈妈爱干净出了名，把家里打理得井井有条、一尘不染，一家人的生活过得有滋有味。

第二次搬家时，你已是八岁了。在你读小学一年级的那年，家里又买了房子，这次还是二手单元楼，是苏州市中心平江路的房子。之所以搬家，是为你上下学方便，就在学校附近买了房子。从选房到装修，都是爸爸一手操办，其间的辛苦不必多说。为了你，为了我们这个家，

我十分乐意。

前两次搬家，都是我们在忙活。你的感受只停留在对旧房子的缅怀和对新房子的欣喜上。每次搬家真的特别不容易，一件件东西都要整理好，大件家具搬起来既费时又费力。对此，你总是不放在心上。

现在，这是第三次搬家了，你正准备就读国际高中。不知今年有什么特别的，你妈妈紧盯着我，一定要我陪伴她到处去选房子。我们跑遍了整个苏州市，最终选中了现在这个让每个人都称心如意的家。

此次搬家，我们没有叫搬家公司，是你亲爱的妈妈，采用蚂蚁搬家的方法，一点一点地用电瓶车搬运的，历经一个多月，往返次数早已无法计算了。离开一个居住很久的地方，真的没有那么简单。搬家有失也有得，更多的还是成长，以及回首过去的坦然。

你身上有很多爸爸欣赏的品质，随和、懂礼貌、不娇气、有爱心、独立性强。你做任何事情都能认真对待，和老师同学的人际关系都处得非常好。随着慢慢长大，爸爸知道在你身边慢慢会有喜欢你的男孩。有时，我以此打趣你，你会一脸得意地笑。你说自己不想做一个只会读书的学生，不仅智商要高，情商也要高，说知道什么年龄做什么事，现在学习才是最重要的，感情的事不是现在应该考虑的。我听完这番话，内心十分欣慰，你真的越来越懂事了，看待问题越来越成熟了，自律性越来越强了，能清楚自己的目标。现在的你更让爸爸感到自豪。

那天，爸爸开车送你去学校后，不知怎的，心里一下子空荡荡的。你上了国际高中后，开始住校。爸爸比你还不习惯，你不在家的晚上，我常常要求妈妈把你小时候的录像放出来看看。三年过去了，你已经长大很多、成熟很多，而每次你走后，爸爸还是怅然若失。

到了周五，爸爸一大早就很愉快，因为你要回来了。现在，你已经十五岁了，已经走过初中阶段，进入人生另一个重要时期——高中阶段。这三年对你的未来会产生关键影响。

爸爸知道，你是一个有目标、有梦想的孩子。不过，你和很多人一样，不太愿意过早把它说出来，直到将要实现时才会告诉大家。爸爸理解你，爸爸就是想告诉你，爸爸会一直陪在你左右，会一直支持你。你累的时候，爸爸会为你遮风挡雨；你快乐的时候，爸爸也会做你的倾听者。

虽然上国际高中后不用参加国内高考，但你一样必须参加国际统考。爸爸知道，现在你的学习任务很重，你更加要合理安排，优化学习方法，加强锻炼，全面发展。要知道，身体是革命的本钱，有什么需要帮助的事，一定要告诉爸爸。十五岁的你要学会爱惜自己，保护自己，要学会与学霸交流，要知道磨刀不误砍柴工的道理。有时候，你与别人交流几分钟，有可能顶得上苦苦钻研一小时，善于汲取经验和教训是通向成功的有效途径之一。

人生的道路还很长，特别是你们这一代孩子，经受的考验往往会更多。要记住，在仰望星空的同时，更要脚踏实地，不为一些外在的浮华的东西所诱惑。你不仅要学习知识，还要有学习新事物、分析新问题的能力。在学习上，爸爸可能已经帮不上你了。这是你从被动学习向自主学习转换的阶段，此后你将变成一个自学者。在老师帮助下，学习能力与方法将是你受用终身的宝贵财富。希望你读书时能定睛、定心、定神，这样知识才能入目、入心、入脑；希望你思考时能静心、静气、静神，这样才能思透、思深、思远。在很快到来的大学阶段，你会更深刻地了解到这一点。

爸爸知道，一个人独立在外生活肯定有一些困难，但这是你人生的一个重要阶段，它会成为你的宝贵财富，你将受用终生。你要照顾好自己，对自己的生活和健康负责，要选择干净的有营养的食品，穿大方得体的服装，安排整洁有序的生活，制定健康合理的作息时间，必要而有节地花钱，持有积极乐观的态度。

你中考时经历了一些挫折，虽然没能如愿考上苏州中学国际班，但你进了星海中学国际班。这二分之差，也让你阴差阳错地开启了海外留学通道。挫折是一笔宝贵财富，如果你能从挫折中有所领悟，爸爸很愿意为你付这笔特殊学费。

还记得你曾经跟你妈说过的一句话吗？你说自己有个毛病，假如在一个环境中，不是最优秀的、最出众的，立马会感觉非常糟糕。你是一个非常优秀的孩子，但缺少一些挫折的锻炼。如果想活在更广阔的天地中，人就会永远发现有些人比自己强。人要接受这种现实，更不能被这样的现实击垮，失去自信心和上进心。一个人不能好高骛远，也不能眼高手低，你觉得呢？

晴儿，爸爸知道你是一个非常善良的人。记得那天晚上，你跟爸爸聊天时评价现在的老师，对一些科目老师的水平有些不满意。我当时就问："要不爸爸找个机会向校长反映一下？"

你当时就有点愣了，过了一会儿才说："不要了吧。"从这个举动中，爸爸知道你是多么善良的人。学校在扩班，许多老师都是新手，经验不足的老师是存在的。对一位年轻的新老师而言，家长不认同、学生不认同，向学校反映后会给他造成很大的压力。所以，虽然不满意，但你选择的是包容。

我们一生遇到的人很多，能成为良师益友的可能寥寥无几。因此，你需要主动去寻找、结识良师益友，珍惜这种宝贵的缘分。

爸爸相信，你心底在暗暗使劲，一直没有放弃想上英国好大学的愿望。受你的感染，我在散步时对你妈妈说，作为父母，我们要更加努力，为你实现英国留学梦打下良好的经济基础。

爸爸曾经问你，如何给自己在这个世界上定位。你还记得自己当时的回答吗？你斩钉截铁地说，我来到世界上的意义，是要留下一些东西，要成为一个有所作为的人。如果什么都没有留下，就没有意义了。谁又能相信，当时你只有十三岁！当然，不管今后成功或者平凡，不管选择什么样的生活、什么样的道路，爸爸都会无条件地爱你，永远爱你。

除认真学习外，你要懂得爱惜自己。你要吃饱穿暖，不吃不卫生的零食，别忘每天多喝白开水，还要保证足够的睡眠。你要多锻炼身体，有了好身体，才有机会实现自己的目标。

爸爸套用孟德斯鸠不朽的名言："在国家慈母般的眼睛里，每个孩子都是整个国家。"你属于中华人民共和国，是祖国的花朵，承载着希望，爸爸怎么能不呵护？

爱你的爸爸
2015年11月25日清晨

昨夜星辰恰似你

晴儿：

十六岁生日快乐！

十六岁的你俨然一个亭亭玉立、青春美丽的少女了。你的美，恰似昨夜星辰。十六岁，是一个花开的年龄，也是一个追梦的年龄。前两天，你很兴奋地对我说："爸爸，十六岁意味着我已经长大了，彻底摆脱了儿童期，正式进入青春期了。我到了要负法律责任的年龄，我的青春我做主了。"

爸爸恭喜你长大了。

现在，你的妈妈非常羡慕手挽手、肩并肩一起走在大街上的你和我。其实，天下父母都是一样的，谁不希望自己的孩子能有一个美好幸福的未来？特别是，当孩子一天天长大的时候，那种欣喜和担忧、憧憬和迷茫的心情会常常交织在一起，让父母惆怅得不知如何是好。

一个人来到这个世界，短短几十年人生，虽然在时间洪流中只是沧海一粟，但我们应该让自己的人生过得有意义、有尊严、有价值。让你好好学习，是希望你有更多的机会去了解大千世界。当你对这个世界充满好奇时，就会发现学习其实是一件非常快乐的事情。让你拥有梦想，是希望你的人生不会单调。当你真的开始对梦想的追逐，就会发现追梦的过程其实是一段奇妙的旅程，会让你的人生有与众不同的体验，会让你的人生不只是被爱情和婚姻定义，会让你活得有尊严，让你有想走就走的勇气和自信，不会被他人左右，不需要看人脸色，不需要依靠别人！

孩子，你处在信息爆炸的时代，一个充满诱惑的时代。你会用电脑、会上网，可你不一定真正能驾驭它们。网络是一把双刃剑，它能给你带来知识，也能给你带来伤害。特别是你这个年龄，还不具备明辨是非的能力，所以我和你妈妈给你定了很多"规矩"。比如，不允许你去网吧，在家上网也有时间限制。就如同当初不主张你多看电视一样，我们怕你控制不住而沉迷其中。古训有"玩物丧志"，这句话的道理，你是知道的。

爸爸知道，你在以后的生活中，一定能够做到自尊自爱、阳光积极、心怀感恩。未来不可预测，努力就无怨无悔，不要苛求自己，更不要怀疑自己。幸福是一种心态，是一种感觉。人生在世，或大或小，每个人都会有烦恼和悲伤。不同的人用不同的眼睛看世界，会有不同的感慨。丑的、美的、快乐的、悲伤的，无论什么，我们都要学会接受，因为我们无法改变。每个

时代有每个时代的特点，每个人也有每个人的人生。你就是你，没有人可以代替你，你是唯一的、独特的！

我们一定要相信，有爱的地方就有希望。不管走多久，抑或走多远，回头看看，爸爸妈妈一定会在不远处守护着你！

亲爱的孩子，请携带一份十六岁的梦想、一份十六岁的自信、一份十六岁的责任，踏上即将开启的青春旅程。衷心祝福你，一路阳光，一路好运，一路精彩。

爱你的爸爸
2016年11月25日清晨

愿你每天洒满阳光

晴儿：

时间过得真快。2000年前，我还盼着你出生，如今你迎来了自己的十七岁。

以前，我们的祝贺语一直都是"祝你快乐"！这句话，对父母而言，并不只是一句象征性的祝福，而是我们最真实的愿望，也是我们对你的唯一愿望。

还记得给你取名"佳晴"的用意吗？不求大富大贵，但愿聪明快乐。

自从你来到这个世界，我们这个三口之家的中心话题十有八九都是以你为主角。你是上天的赐予，你的每一点进步，我都会为之雀跃，你的每一次伤心，我都会随之心痛。儿时的一颦一笑历历在目，而你却像雨后春笋一样一节节长大，仿佛转瞬之间就从一个嗷嗷待哺的小宝贝变成了现在比你妈妈还高的漂亮大姑娘。

忽然想起有一次，你大约五岁左右，到医院去输液。你的血管不好找，医生技术又不熟练，结果针管连续拔进拔出好几次。液没输完，我们就抱着你回来了，因为爸爸实在不愿听你的哭声，不敢看你的眼神。回来后，我还跟你的妈妈说："晴晴的眼睛会讲话。"

在你踏上人生最精彩、最璀璨的青春之旅时，爸爸最想对你说的是三个词：感恩、珍惜、祝福。

第一是感恩。感谢你来到我们的生命里，无论欢乐还是烦恼，我们注定一起走过。

曾经有一位专家对生命有过这样的描述：在茫茫宇宙中，最适合生命繁衍的地球迎接一个生命的概率只有$1/\infty$（无穷大），在此基础上成为人的概率有三千万分之一，而要成为"我"的概率仅有六百亿万分之一。我万分感谢上苍让我拥有那么多的幸运，与你成为父女，共同携手迎接生命中的每一个精彩。

第二是珍惜。请努力珍惜生命中的一切人与事。从出生到上幼儿园，从小学到中学，再到星海国际，我们努力营造一种温暖幸福的氛围包围着你，你也给爸爸妈妈和周围的人带来了许多快乐。十七年来，这种幸福和快乐始终伴随着你，这是多么难得啊！

希望你懂得珍惜，懂得感恩，时时刻刻记得带给周围人快乐，要用不断进步和博爱之心，回报所有培养你、关注你的人，以及所有需要你帮助的人。

要珍惜这如歌的青葱岁月。生命只有一次，不会再有。如今，你用什么样的态度对待学习、生活，人生就会以什么样的态度对待你，今天付出的努力决定了今后的生活质量。成绩与

付出永远成正比，天上永远不会掉馅饼。只有自己去奋斗、去创造，美好的未来才会属于你。要实现自己的梦想，必须靠努力和汗水，要诚实、踏实、结实，从品德、行为到身体，应该全面发展，不可偏废。

进入星海国际以来，你的进步有目共睹。在课堂上，你踊跃参与。在扮靓教室时，你辛苦付出。你做事尽职尽责，每次测试都一直向前。你活泼开朗，善良宽容，这些都是良好素质的体现，所有一切构成了你的美好！

人生历练，只要尽力做到问心无愧就好。别说我啰唆，世上无难事，有志者成之；世上无易事，有恒者得之。让我们父女俩共勉！

要珍惜亲情。随着岁月流逝，爸爸妈妈原本乌黑的头发有了白发，而你也从一个可爱的孩童变成了偶尔显得叛逆的大姑娘。最终，我们每个人都会慢慢变老，这一切都是不可逆转的。我们是一个普通家庭，爸爸妈妈并没有太多的东西给你，能给你的只有在你奋斗的时候为你加油，在你快乐的时候和你分享快乐，在你悲伤的时候和你分担悲伤，在你寂寞的时候给你温暖的怀抱。

要学会珍惜友情。在交友过程中总会有误会和摩擦。想一想，偌大世界，有缘结伴而行的能有几个？生活中能有人伴在身边，听你倾谈，与你共同玩耍和进步，你就应该珍惜。你要爱自己、爱他人，要懂自己、懂他人。你的心要如溪水般柔软，你的眼波要像春天般明媚。你要会流泪，会孤身一人坐在黑暗中听伤感的音乐。

第三是祝福。祝福你顺利度过了金色童年，同样希望你迈好青春的第一步。当我们的生命征程开始的时候，就像一艘轮船离港远航。在航行中，既有蓝天白云、晴空万里，也有狂风恶浪、乌云密布，要顺利到达预定的彼岸，只有始终保持正确的航向。你将来也许会成为一个很成功的人，但爸爸妈妈更希望你能踏踏实实走好人生每一步，健康快乐度过生命每一天！因此，当人生道路风平浪静的时候，你别忽视暗礁的存在。一旦遭遇狂风恶浪，你也无须害怕退缩，因为背后有爸爸妈妈——你永远的最坚强的后盾和最温馨的港湾。

在具体做人方法上，我希望你做到以下几点：不要打断别人谈话，不要老想着别人应该为你做什么，而要想着怎么去帮助他人。不要随便接受别人的恩惠，要记住，别人的东西再好也是别人的，自己的东西再差也是自己的。

还有一件事，做起来很难，但相当重要，就是要有勇气正视自己的缺点。一天天长大，你会遇到很多比你强、比你优秀的人，你会发现自己身上有不少缺点，这会使你沮丧。你一定要正视，不要回避，要一点点改正。希望你能明白，人生路上不可能永远一帆风顺，你不可能永远是赢家。失败是难免的，希望你从哪儿跌倒就从哪儿爬起来。

战胜自己比征服他人还要艰巨和有意义。

人生是多姿多彩的，有苦有乐，有顺有逆。苦和乐，可以相伴共生，也可以互相转化。你自己慢慢去体会。你要永远记住：乐，不能得意忘形；苦，要坚强面对！

十七岁是花的年龄，十七岁是歌的岁月，十七岁是青春的风铃。十七岁既是学习的黄金时期，也是易受干扰的时刻。十七岁既是极易接受新事物的年龄，也是人生阅历不足，容易良莠不分的时候。爸爸妈妈希望你在这个特殊阶段，能够选择好自己的人生目标并风雨兼程；更希望你能够通过不断学习和探索，成为一个气质高雅、善解人意、人见人爱的女孩子。

孩子啊，你要做好心理准备：以后的生活会更加丰富多彩，你必须学会自己应对，自己选择。选择正确与否，在于你对利害、是非的判断能力。在无法做出决断的时候，我们希望你能坦率地向爸爸妈妈说出你的难题、你的困惑。不论什么问题，只要你愿意和我们说，我们都会帮助你，绝对不会因此而指责你。你要记住，我们不仅是你的父母，也是你最值得信赖的朋友。

这就是爸爸对你的祝福和期盼。女儿，2018年已经向我们招手，愿你带着梦想和心愿，带着喜悦和信心，带着快乐和自我，迈入2018年。你的未来有无限可能，你的未来有无尽繁华，你的未来会一天比一天美好！爸爸期待你的每一天都洒满幸福的阳光！

爱你的爸爸

2017年11月25日清晨匆匆写就

不以无人而不芳

晴儿：

　　今天是2018年11月25日，过完这个十八岁的生日，你已经成人了。爸爸妈妈要祝贺你又长了一岁，在国际高中的你又成熟了不少。同时，我们也为自己庆幸：有你这样一个单纯、善良、漂亮、健康、聪明、可爱的好女儿！

　　从你出生的第一封信开始，到你十八岁，我整整写了十九封家书。提笔写此信的时候，我的眼泪不由得夺眶而出，心情更似滔滔江水难以平静，诸多往事涌上心头。我多次提笔，又多次搁笔，要对你说的话很多，一时不知该从何谈起。

　　多少感慨、多少回味、多少留恋、多少兴奋，还有多少缺憾和愧疚、自责和不安……我们尽情地感受着为人父母的幸福，感受着人世间最美好、真挚的父女之情！感谢你给爸爸妈妈带来欢乐，感谢你让爸爸妈妈为你无比自豪！

　　十八年前的这一天，傍晚6点16分，你来到这个世界，右手托着粉嘟嘟的小腮帮，扑闪着水灵灵的大眼睛，似乎丝毫没有任何陌生感。

　　初为人父的我用颤抖的双手小心翼翼地从护士手中接过你，幸福的笑脸仿佛绽开的鲜花，噙满幸福泪花的双眼目不转睛地盯着你……那种激动与兴奋，爸爸至今还记忆犹新。十八年前的情景，却仿佛昨日在眼前闪现，依然让我回味无穷。

　　你刚出生就被抢救，我疯狂地要求医生一定要全力以赴。最后，你转危为安，我们全家非常开心。如果要问生活在这个世界上，爸爸最珍惜什么，那无疑就是上天恩赐给我们的最美丽、可爱的宝贝女儿了！你是我和妈妈的精神支柱，是我们最最珍爱的心肝宝贝！当然，你不但是爸爸妈妈的宝贝，更是我们全家的宝贝。爸爸给你起小名晴晴，寓意就是你永远阳光快乐。

　　十八年如此漫长，却又过得飞快。爸爸妈妈还在学习和探讨如何成为合格的家长、如何去培养教育你，而你忽然已经长成亭亭玉立、婀娜多姿的大姑娘了。

　　爸爸曾想通过保送的方式让你进入某重点高中，可倔强的你，用很富有哲理的语言说服我们："爸爸能帮我用捷径通过中考，可我人生的考试还有很多，难道今后的人生之路都要通过捷径完成吗？我要珍惜人生第一考，一定要通过自己的努力验证自己。"就这样，你凭借不逃避、不退缩的顽强意志，用最佳的表现笑对人生第一考，并如愿考入星海国际高中。爸爸佩服你的淡定与沉稳，不但被你的话语感动，更为拥有你这样懂道理、有志气的孩子感到自豪和骄傲。

进入国际高中，你和爸爸妈妈商量，要退出一切学习以外的活动，专心学习。即便认为一些活动可能促进你的学习，更能丰富你的高中生活，我们还是尊重和支持你的选择。尽管如此，每每遇到学校的公益活动时，你依然踊跃参加，用爱心去献出自己的微薄之力。女儿，你做得非常棒！爸爸妈妈从心底为你高兴，为你自豪。你真是我们的好女儿啊！

高中学习很紧张，可你一直保持着良好的学习习惯，不但阅读面很广，在认真学习的同时还注意保护视力。尽管读书十分刻苦，但你没有和别的孩子一样有任何埋怨，这点尤为可贵！

爸爸是过来人，绝不至于大惊小怪，你也不必为此担心，可以跟爸爸发泄心中的苦闷。人一辈子都是在高潮和低潮中浮沉，唯有庸碌的人，生活才如死水一般；或者要有极高的修养，方能廓然无累，真正解脱。

十七岁，因为你特别喜欢书，所以你的许多生日礼物都是爸爸送的书。你的阅读能力很强，而且读了很多连爸爸都没有读过的书。爸爸为你自豪，更羡慕你。书籍给了你无穷的力量和指导，不断地提升你的气质，所谓腹有诗书气自华。正因为你读书范围广泛，内心世界远远比其他人丰富。

国际高中的生活已经过半，你最大的变化就是能够理性地、客观地认识自我，会用积极的心态思考问题，不偏激，这是你人生成长中的重要财富！高二正逢十八岁，对一个女孩子来说，是人生最绚丽多姿的年华，是一个充满梦想、充满追求的年龄。我们相信你能好好珍惜青春飞扬的十八岁，怀念书香相伴和战胜所有忧伤、烦恼的十八岁。

十八岁，正是掌握知识的最好时节。我们希望你相信自己，好好把握属于自己的季节，能以学习为重，以获取知识为重，今后回想起来，不会因为没有好好把握光阴而后悔。你从小懂得"宝剑锋从磨砺出，梅花香自苦寒来"的道理，在学习上从来没有让我们操过心。爸爸妈妈唯一担心的是你在学习上太辛苦，影响了发育，影响了身体。我们希望你能劳逸结合，合理处理好学习和休息的关系，加强锻炼，保持健康体格。

还有一年的高中生活，你就将迎来成人后的第一次考验了。在这个美好、难忘而神圣的日

子即将到来之际，爸爸要将最美好的祝福送给你：希望你每天都能开心、快乐地学习，拥有平和的心态，加强体育锻炼，拥有健康体魄，继续保持中考时的淡定、坦然和乐观的态度，积极备战国际高考。爸爸相信你一定能够通过自己的不懈努力，用优异的成绩考进理想的名牌大学，为十二年的苦读画上一个圆满的句号，并在英国名校继续放飞自己的梦想。

十八年，你给爸爸妈妈带来的欢乐是难以用语言表达的。从今往后，从法律角度，你将步入成年人阶段，但在爸爸妈妈眼里，你依然是个孩子，依然天真单纯，还带着些许任性。你偶尔会因为琐事与爸爸争吵，我们常常针锋相对、互不相让，但生气过后和好如初，因为我们都能冷静反省，为自己的冲动而后悔。这大概就是你和爸爸之间的割不断的亲情，也是你人生经历中的一种历练吧！其实，随着你不断成长，爸爸也在不断改变自己。

今天，是你十八岁的成人仪式，爸爸妈妈知道女儿不用太多叮嘱，还是要说：十八岁是一个人最宝贵的金色年华，是生命成熟的标志，意味着对自己、对家庭、对社会、对国家都将拥有一份神圣的责任。爸爸妈妈希望你学会驾驭自己的情绪和思想，逐渐走向理性和成熟。爸爸希望你做一个身体健康、心智健全的人，尽情享受身心健康带给你的无价财富；爸爸希望你做一个品格优良的人，遵守法律、孝敬长辈、有同情心、懂得感恩；爸爸希望你做一个快乐的人，懂得变通，学会保护自己。

现在，这个世界已经向你敞开大门。在你的世界里，你首先要看到自己的价值。每个人都可以创造奇迹、创造不同、创造无限可能；同时，每个人都要履行自己的职责。伟大的成功者拥有的共同特征是，"我负责，我会处理的"。是的，这个世界还不是那么完美和纯净，享乐主义、拜金主义、极端个人主义等负面影响，很容易使我们道德观念模糊、自律能力下降。

晴儿，你即将出国留学了，要远走高飞，飞向大洋彼岸，爸爸的内心真是恋恋不舍呀！在异国他乡、举目无亲的地方，全靠你自己努力了。我现在已经开始体会到"儿行千里母担忧"了。进入国际大学校园，面对纷至沓来的压力——学习压力、交往压力、情感压力和就业压力……难免会产生焦虑，你既要正确面对、承受压力，也需要学会排解、化解压力。你要坚强，不为胜利冲昏头脑是最好的证据。只要你能坚强，我就一辈子放心了！成就大小，一半靠人力，一半靠天赋，只要坚强就不怕失败和打击。不管人际关系、生活还是学习，从此以后，你要独当一面了。

希望通过四年留学生活，你能开阔眼界，更加独立、自信，为将来事业发展和家庭生活打下坚实基础。爸爸期盼你更加成熟，成为一个对社会有贡献的人。

你现在所学的一切，都是为自己而学，不以无人而不芳，你的优秀永远是自己的！

十八岁的含义太多太多，爸爸要嘱咐的也太多太多。爸爸还想再写点什么，小小一张纸又怎能承载千言万绪，一切尽在不言中。

在你十八岁生日，在这个重要的日子，爸爸妈妈给你写这封信，要表达的意思，相信你已经明白了。丰富的人生之路，你已经走到了十分重要的阶段。今后的人生风景逐渐增多，故事也逐渐增多，未来的人生之路将是漫长而丰富的。

爱你的爸爸

2018年11月25日清晨

老爸致即将参加中考的晴儿的家书

晴儿：

　　2015年6月16日，你正在紧张地参加模拟中考，我的心情也非常紧张。

　　算了一下，距离参加初三中考的时间还有366天，你就要踏上战场了。在你们中间，有多年来一直成绩很出色的学生，有多年来一直成绩平平的学生，也有这些年来屡败屡战的学生。从中考倒计时开始，每个同学都在尽自己最大的努力，创造属于自己的奇迹。

　　今天，你跟爸爸讲了一个真实的事情：1988年的汉城奥运会，男子蝶泳决赛中呼声最高的美国名将马特奋勇向前，眼看就要到达终点。他情不自禁地从水中抬起头来，看到自己胜利在望，兴奋得举起了双手。与此同时，整个游泳馆也沸腾了，欢呼声连成一片。出人意料的是，显示屏告诉人们：游出最好成绩的不是马特，而是一个叫安东尼的选手。他以0.01秒的微弱优势获得冠军！通过回放镜头，人们清晰地看到，在冲向终点的一刹那，马特没有继续保持蝶泳的竞赛状态，而是依靠惯性滑到了终点。此刻的安东尼却奋不顾身地冲向终点，险些撞到墙壁。这就爆出了比赛最大的冷门。人们称它为0.01秒的奇迹。这个事情告诉我们，关键时刻，最后一秒也不能放弃。

　　所以，我想你们学校的学生怎么会放弃还剩的366天呢？366天就足够让你们创造属于自己的奇迹了。马上进入初三的你，还拥有那么长的时间来创造属于自己的奇迹。你看唐古拉山里的一股股细小的泉水，渐渐汇聚成很多的小河，直至成为一条大河。一路上要越过多少障碍，河水才能东流到海呀！

　　其实，你是个极有上进心的孩子。因为要求上进，你才会因为成绩一时不佳而沮丧。如果一个人毫无上进之心，又怎会对此如此介怀呢？

　　没有人会一无是处。初二的你，面对物理挑战，那可是老天赐给你的机遇；初三的你，又要面对化学挑战，那又是老天赐给你的机遇。你有一年时间来调整自己的学习状态，找到最佳的学习方法。你在学校与老师和同学相处得很融洽，对父母又孝顺。许多学生和老师都非常愿意帮助你。你完全没有必要为一次考试成绩不如意而看低自己！

　　你始终要相信自己，你是最棒的。

　　可怜天下父母心。其实，一开始把你送到小学、中学时，我总喜欢说："老师，我家孩子全交给你啦，拜托啦！"这句话听起来意思是此后"与我"无关。后来，我才明白，绝对不是这样。撬动地球的手就是推动摇篮的手。

有一次，民进中央朱永新副主席问我每周有多少时间与你在一起。我说，由于工作忙，我与女儿交流并不多，惭愧啊！2004年，中国出版协会做了一项调查：我国有45%的家庭无一本藏书，无一个书柜。韩国有96.8%的家庭平均有500本以上的藏书。没有书香的家庭，哪有书香校园和书香社会？我真正明白，只有父母进步，才能指望孩子成龙、成凤。接下来，爸爸要与你一起共同成长，甚至相互影响。读书是净化灵魂、升华人格的非常重要的途径。对你而言，你的主要任务就是读书。自从喜欢上读书后，爸爸发现你的视野开阔了，精神也得到充实，而且志向高远。

爸爸相信，一个人的精神发育史就是一个人的读书史。我相信读书对一个人的成长是最重要的。世界上那些生命力旺盛的民族一定是爱读书的民族，比如犹太人。马克思以唯物辩证法改变了人类对社会的看法，爱因斯坦以相对论确立了人类崭新的宇宙观，弗洛伊德以精神分析法让人能够更准确地了解自身。犹太人对读书的态度近乎信仰。据说，犹太人刚生下来，父母就会把蜂蜜涂在书上，让孩子舔，意思是读书才能甜蜜。有人曾经统计，以色列人每人年均读书60本，而中国人均只有5本。孩子，这么大的空间、这么大的机会在等着你呢！要知道，一个不懂读书的人，他的人生之路是走不远的。

宁静才能致远。读书的你生活不一定会富裕，但一定会是精神的富翁。孩子，一旦你成为精神富翁，那你离"状元"距离还远吗？我大声宣布，我们正时刻准备中考，让我们一起努力，一起加油！

爱你的爸爸

晴儿致老爸的家书

亲爱的爸爸：

又一个冬夏。

我不愿将语言幻化成"空花泡影"，如此"精巧得不老实"，也不愿说些所谓令人潸然泪下的故事。我们就话话家常，聊一聊吧。

我从一个咿呀学语的丫头，逐渐长成了一个青年。其中各种艰辛，我无法尽述，更无法全然体会。

我对开始记事的时间点很模糊，由于当时语言功能没有发育完全，只记得恍恍惚惚的几个瞬间。

我记得小时候上幼儿园的时候，你总会用摩托车载我。那时总有一个宽大的肩膀挡在我身前，替我遮风挡雨。之后，一些亲戚长辈口中的我曾经的生活场景，我如何与你逗趣，我的记忆已随风飘逝，全然不记得了。

不知怎的就上了小学，迷迷糊糊。我觉得我是个还蛮随性的孩子，那时觉得上学就是找一群年龄相仿的孩子一起玩，课业不过是调剂生活的点缀。所以，我便不惊不恼、不紧不慢地度过了七岁和八岁。就从我心里没有对那段时间的课业反馈产生负面影响来看，你一定对我是很开明的。

我觉得你和别的爸爸没什么不同，如果硬要说不同的话，一定跟你的职业有关系。

我对你最初工作的《江南时报》印象是最深刻的，我似乎在那儿度过了很长的一段时间。我还记得你们报社办公楼旁就是印刷厂，总有股油墨味，丝丝缕缕地掺进空气里。你工作的那层有一条长廊，两边是大大小小的办公室，走到底是个大办公室。你很长一段时间都待在那个大办公室靠窗的座位办公，邻桌有花卉植株。你有时候接到通知外出采访时，我倒也没闲着，你们那层的人应该就没有不知道我这号人物的。你的同事性格鲜明，各有特点。好在我还算讨人喜欢，就和他们在打打闹闹中度过了很多周末。

有时候，你带我出去采访，会碰到一些摄影师大叔，他们也算是元老级人物了。出去次数多了，久而久之，我们也就熟了。日子久了，我觉得我身上有些江湖气。这是很难得的，我知道。所以，从现在回头看，我还是很感激那些日夜，不仅让我见识了那些记者、摄影师，还感受到了他们身上不约而同地展现出的傲气，那种毋庸置疑、从内而外散发的傲气。我现在很欣赏这类人，极有可能是因为小时候的际遇，我指的是那些既有才气又有傲气的人。

　　其实，记者这一行是很难做的。以我略显浅薄的观点来看，记者的主要职责就是揭露社会问题，引起社会舆论，从而使相关人员重视问题、解决问题。这是最艰巨，也是最难做到的。那天听一个演讲，演讲者的身份就是记者，他分享了遇到的故事，其中不乏以身犯险，受到人身威胁。我听完的时候眼角泛泪。我从小在你身边长大，我知道他说的都是真的，一点都不夸张。我记得你为第一时间赶到现场而不顾一切狂奔的身影，也记得你为发稿而摔伤的小腿，血淋淋的，触目惊心。再多的言辞都显得很苍白，作为局外人，我都能在很大程度上感受到有时从心底泛上的深深的无力感。令我感到骄傲的是，你做得很好，没有为仕途而违背自己的初衷，成为一个真正敢于发声的具有社会责任感的媒体人，一个称职的记者。

　　在和爷爷闲谈时，他告诉我，你还年轻时，他曾问过你想干什么，你说想成为一个记者。爷爷说，他在你眼里看到了信念。

　　日子就这么一天一天地过。

　　中考查完成绩，是我很无助的时候。我从来没想过我会失败，从没有。我趁你们上班、家里没有一个人的时候失声痛哭。有时候，发着呆，我的眼泪就滑下来了。那时，我对未来感到深深的恐惧和无力，觉得前路都被黑漆漆的雾遮盖住了。你总是教育我，想想曾经只考五分的清华博士后。我清楚地知道，我终究不是她，她也不会代替我，这样的成功很难复制。从这一点来看，需要坐下来想一想，那些所谓励志传奇、成功故事是否真正帮助了那些身处逆境的人？我始终坚信一点，人的改变一定基于内心的震荡。在那段时间，你说得最触动我心的一句话就是："没事，有爸在呢！"

　　雨止云散。

　　那日你送我去合肥，看到你匆匆去拦出租车的背影，我的心就像是被细线缠住了，丝丝缕缕地疼。我想，我在那时才真正理解了朱自清的《背影》，也在恍惚间看见了那个吃力地攀爬月台的父亲。

　　你知道吗？从小到大，你最震撼我的，从来不是多么慷慨激昂地讲述什么的时候，一直都是一些连你自己都不曾注意到的细小得不值一提的细节。小时候，我向你撒娇，你默默蹲下背我

起来。你背我很累，却一声不吭。小时候，我掐你的脖子，掐久都红了。我不忍心再掐下去，但又睡不着。你发现之后，默默地把我的手放回你的脖子，对我说："没事，你不掐，爸爸也睡不着。"

你无数次风里来雨里去的身影，强有力地冲击着我的每个感官。

我们的故事未完待续。

我们的岁月深邃悠长。

囡囡

2018年3月28日